Bis zum allerletzten Tag ist sie gerne hingefahren, ins Gymnasium, um junge Menschen mit ihrer Liebe für die deutsche Sprache und Literatur anzustecken. Auch wenn ihr das nicht immer gelungen ist und sie der vielen Schulreformen langsam müde wurde.

Seit dem Ende ihres Berufslebens ist es ihr, als würde sie »in einem leeren, unbewohnten Raum stehen und in eine Landschaft ohne Konturen hinausschauen«. Einen Spiegel dieses inneren Raums findet die Erzählerin jeden Morgen, wenn sie von ihrem Fenster aus beobachtet, wie sich der Tag langsam durch die graugrüne Wand aus Haselsträuchern, Schlehdorn und Hartriegel herantastet. Jeder Morgen ist anders und ruft andere Gedanken und Erinnerungen wach. Erinnerungen ans Elternhaus mit dem verwunschenen Park, an die ersten Semester an der Universität während der Jugendunruhen, an die Eltern, die sich in der Bewegung »Moralische Aufrüstung« engagierten, und an den früh verstorbenen Bruder, den Schriftsteller Hermann Burger.

In ihrem Haus ist es noch still, nur Apple, der Kater, streicht um ihre Beine und legt sein »flaumiges Katzengewicht« auf ihre Füße.

Kathrin Burgers Roman ist mit autobiografischen Elementen durchflochten. Sie erzählt präzise und poetisch. Sie blickt versöhnt auf das Entschwundene, mit Zuversicht auf das Kommende und immer wieder in ihren Garten, dessen stetige Verwandlungen sie in den feinsten Schattierungen nachzeichnet.

Kathrin Burger

Vor mir wird es Morgen

Roman

EDITION BLAU
Rotpunktverlag

Der Rotpunktverlag wird vom Bundesamt für Kultur
mit einem Strukturbeitrag für die Jahre 2021 bis 2024
unterstützt.

Umschlagbild: Paul Weston, Alamy Stock Foto

Lektorat: Anina Barandun

Korrektorat: Lydia Zeller

Gestaltung: Patrizia Grab

Druck und Bindung: Friedrich Pustet, Regensburg

ISBN 978-3-85869-978-7
2. Auflage 2023

Dieser Titel ist auch als E-Book erhältlich.

Was wir die Wirklichkeit nennen,
ist eine bestimmte Beziehung zwischen
diesen Empfindungen und Erinnerungen,
die uns gleichzeitig umgeben.

Marcel Proust

1.

Der Garten gewinnt aus dem Nachtschwarz allmählich schattenhafte Konturen. Haselgebüsch, Wiese, Obstbäume, Dächer, Hügelhorizont, noch keine Farben. Seit ich nicht mehr arbeite, habe ich viel Zeit. Ich muss nicht so früh aufstehen. Trotzdem sitze ich gerne am Fenster, bevor der Tag kommt. Ich weiß nicht, warum, und eigentlich will ich es auch gar nicht wissen. Vielleicht hängt es ja mit dem Alter zusammen. Früher, als ich dauernd unter Zeitdruck stand, als mir die Zeit davonlief und ich deshalb immer zu wenig davon hatte, da lag das Leben vor mir wie ein offenes weites Feld. Nun, wo es kleiner und überschaubarer geworden ist, kommt sie mir lang vor.

Nach der Pensionierung war die neue Freiheit etwas Unglaubliches. Wie eine Verdurstende schlürfte ich die Zeit aus einem weiten Kelch, der nie leer wurde. Ich konnte nicht genug davon bekommen, war wie betrunken von dem Gefühl, unbeschränkt freizuhaben, nichts tun, liefern, erledigen, leisten zu müssen, und empfand jeden neuen Tag als unverdientes Geschenk. Inzwischen bin ich nicht mehr berauscht, oder ich habe mich an den Rauschzustand gewöhnt. Aber ich blicke immer noch mit einem ungläubigen Staunen auf die gewonnene Freiheit.

Schon seltsam, denke ich, während es draußen heller wird. Die Zeit an sich vergeht tagein, tagaus gleich; wir sind es, die sie zu einem gierigen Ungeheuer machen, das uns auffressen will, zu einem anfahrenden Zug, hinter dem wir herrennen, zu einer Glücksfee, die uns schwerelos auf einer Wolke schweben lässt, oder zu einem gähnend schwarzen Loch, in das wir versinken.

Langsam haben sich aus den schattenhaften Konturen Farben entwickelt. Ich schaue gebannt zu, wie das Bild entsteht, das wie aus dem Entwicklerbad gehoben wird. Die graugrüne Wand aus Haselsträuchern, Schlehdorn und Hartriegel zeigt Durchblicke auf die Wiese des Nachbarn, die mit niederen Obstbäumen bepflanzt ist; am linken Bildrand schieben sich die ausladenden Dächer der Nachbarhäuser ins Bild, und hinter dem Dorfensemble aus Häusern und Gärten wird ein Hügelausschnitt mit Reben sichtbar, hinter dem sich der bewaldete Horizont auftürmt und vom hellgrauen Himmel abhebt.

Es wird Zeit für den Tag.

2.

Schon viele Wochen verbringe ich nun damit, nicht mehr zu arbeiten. Für Lohn zu arbeiten. Noch keinen Tag, keine Stunde, keine Minute lang habe ich die Schule vermisst. Bis zum Schluss war ich gerne hingefahren, ins Gymnasium der nahen Provinzstadt, um dort meinen manchmal mehr, meist weniger motivierten Klassen die Augen und Herzen für die Höhepunkte der deutschen Literatur zu öffnen, sie zu eigenständigem Denken, Reden und Schreiben zu bringen und sie anzustecken mit meiner Liebe für die Sprache. Nach über dreißig Jahren Schuldienst, einem Drittel eines Jahrhunderts – eine erschreckend lange Zeit, die ich mir als junge Lehrerin nie im Leben hätte vorstellen können durchzustehen –, wurde ich mit allen Ehren verabschiedet. Und so kam der letzte Schultag, an dessen Ende ich an Grüppchen von Schülerinnen und Schülern vorbei, die lässig auf der Rasenfläche saßen oder lagen, diskutierten, lachten oder Musik hörten, durch den Park zu den Parkplätzen schlenderte, mit dem Auto aus dem Parkplatz bog und nach Hause fuhr. Damit war mein Berufsleben beendet.

Seither ist es, als habe sich ein großes Fenster vor mir geöffnet, das frische Luft zum Atmen hereinlässt. Als würde ich in einem leeren, unbewohnten Raum stehen und in eine Landschaft ohne Konturen hinausschauen. Und als müsste ich mir als Nächstes überlegen, wie ich das Zimmer möblieren will. Ich prüfe die Möglichkeiten, die mir während meines Erwerbslebens als Sehnsuchtsziele vorgeschwebt waren: Wenn ich später mal Zeit habe für mich, werde ich ... Wieder Klavier spielen. Das Italienisch auffrischen. Eine neue Sprache lernen, Holländisch zum Beispiel. Einen Nähkurs besuchen. Endlich den englischen Blumengarten anlegen. Sie sind in meinem Wunschgedächtnis gespeichert. Aber ich bin seltsamerweise nicht fähig, mir etwas vorzunehmen, ein Ziel zu setzen, eine Struktur zu geben. Ich lasse mich im Gegenteil treiben, in die Tage hinein und wieder aus ihnen hinaus.

Auch heute sitze ich früh am Fenster und schaue in den herbstfeuchten Morgen. In der graugrünen Wand hat es eine Lücke, in der das hellere Grün der Wiese, die Gartenbeete der Nachbarn und weiter oben das Stück Hügelhorizont sichtbar werden; eine Metallleiter steht an den Apfelbaum gelehnt, an dem zwei einzelne rote Äpfel hängen. Nebel verschleiert den Wald.

Und wieder gleite ich im Zeitraum zwischen Nacht und Tag unversehens in jenen inneren Raum, in dem ich nichts erkennen, nichts ins Auge fassen kann. Was ist nur los mit mir? Meine Augen sind in den letzten Jahren schlechter geworden. Das Sehvermögen ist eingeschränkt, nicht sehr stark, doch so, dass ich es merke. Beim Autofahren, Lesen, Kochen oder Einkaufen. Aber nun, so scheint es mir, sind die Augen irritiert, weil sich die Dinge um mich herum verschoben haben. Sie passen nicht mehr zusammen.

»Das Auge ist das Fenster zur Seele.« Plötzlich sehe ich das Zitat in der schwungvollen Schrift meiner Mutter vor mir, königsblaue Tinte, die runden Unterbögen wie Girlanden über die Zeilen gezogen. Sie hatte es mir in mein Poesiealbum geschrieben, auf die erste Seite. Ich war vielleicht neun Jahre alt. Alle in meiner Klasse hatten damals solche Büchlein, die wir Vergissmeinnicht nannten, genauer alle Mädchen, für die Buben war das »Weiberzeugs« und kam nicht infrage. Aber wir trugen die Büchlein wie ein kleines Heiligtum herum. Einer Klassenkameradin einen Sinnspruch, ein Sprichwort, ein kleines Gedicht hineinschreiben zu dürfen, kam dem Beweis gleich, als Freundin ausgewählt worden zu sein. Wie sehr lechzte ich danach, gewählt zu werden, Freundinnen zu haben, dabei zu sein.

Das Sprichwort, das meine Mutter mir ins kleine Album geschrieben hatte, verstand ich damals nicht. Aber das Bild von den Augen als Fenster war geheimnisvoll und gefiel mir gut. Ich stellte mir vor, wie ich später einmal, wenn ich in der Welt der Erwachsenen angekommen wäre, diese winzig kleinen Fenster öffnen könnte, um ins Innere des Menschen zu blicken. Ein Schauer ergriff mich bei dieser Vorstellung, in meinen eigenen Körper hineinzuschauen und dann alles zu wissen. Mit einem Blick wären alle Geheimnisse gelüftet, auch die der andern, der Eltern, Brüder und Lehrer.

Ich stehe auf, um die frische Morgenluft hereinzulassen. Ich fröstle.

Erst viele Jahre später, als ich längst keine Freundinnen-
beweise in Poesiealben mehr sammelte, verstand ich den
Spruch in seiner metaphorischen Bedeutung. Ich war
im zweiten Semester und belegte eine Pflichtvorlesung
über das 19. Jahrhundert, »Das Lyrische im Wandel der
Zeit. Von der Frühromantik bis zum poetischen Realis-
mus«. Die Aula war bis auf den letzten Platz besetzt,
wenn der berühmte Professor Emil Staiger seine Vor-
lesung hielt, die von den Studierenden nur die Elf-Uhr-
Messe genannt wurde mit spöttischem Unterton. Seit
seiner öffentlichen Ablehnung der modernen Literatur,
die den »Zürcher Literaturstreit« auslöste, war seine
Glaubwürdigkeit erschüttert. Trotzdem war der Zustrom
zu seinen Veranstaltungen enorm, und so saß ich, eingeklemmt hinter der klappbaren Schreibfläche, und wartete
mit zweihundert anderen Studierenden auf den Meister.
Ich konnte weder in einem Vertrauen erschüttert sein,
das noch gar nicht hatte entstehen können, noch verfügte ich über kritische Argumente dem Germanisten-
fürsten gegenüber. Ich war beeindruckt von seiner Be-
rühmtheit und nun von der Brillanz seiner Worte, auch
wenn ich vieles nicht oder nur halb verstand. Sein Vortrag war so gemeißelt wie sein klassisch römischer Kopf
mit der großen, breiten Stirne, den aufmerksamen, etwas
auseinanderstehenden Augen, den schmalen Lippen.
Ihm zuzuhören war wie einem musikalischen Vortrag zu
lauschen. Die Stimme hob und senkte sich melodisch, im
sonoren Wohlklang schwang hintergründig ein hellerer
Oberton mit, die dialektale Einfärbung der Vokale, die
den Ostschweizer verriet. Dazu kam als Drittes die über-
deutliche Akzentuierung, die wie ein Versmaß seinen

Vortrag rhythmisierte. So waren seine Vorlesungen über die Werke der deutschen Literatur selber vollendete sprachliche und musikalische Kunstwerke. Was es nicht einfacher machte, ihnen auch inhaltlich zu folgen.

Fasziniert lauschte ich also eines Morgens seiner Stimme, die im Zusammenhang mit der Poetologie der Frühromantiker aus Novalis' *Blüthenstaub-Fragmenten* zitierte: »Der Sitz der Seele ist da, wo sich Innenwelt und Außenwelt berühren.« Der Satz traf mich wie ein Blitz von der Kuppel der Universitätsaula herab, durchfuhr meinen Körper heiß und kalt. Das Geheimnis der Augenfenster war plötzlich gelüftet: Das war es, Innen und Außen durchdrangen sich, und die Augen waren das Verbindungsorgan dieses Austausches, durch die Augen drang die Welt in mich hinein und mein Inneres nach außen.

Und heute? Heute schaue ich durchs Fenster, wie der Tag entsteht, aber eigentlich schaue ich nach innen, wo sich eine schwingende Leere auftut, aus welcher Gedanken auftauchen und verschwinden.

3.

Etwas ins Auge fassen. Etwas in der Hand haben. Rückgrat zeigen. Ich habe nichts in der Hand. Ich kann nichts ins Auge fassen. Ich habe kein Rückgrat mehr. In der frühen Morgenstunde geraten die Metaphern zur Körpersache. Ich nehme alles nicht nur persönlich, sondern körperlich.

Bis jetzt hatte ich immer etwas in der Hand in meinem Leben: einen Beruf mit einem Pensum und mit damit verbundenen Aufgaben, eine Familie mit Kindern, einem Haus und Garten, ein Einkommen und damit materielle Sicherheit. Ich schaue meine Hände an, sie sind leer. Alles, was ich habe, ist viel Zeit, die mir nun wie Sand durch die Finger rieselt und am Boden ein kaum sichtbares Muster bildet.

Die Metaphern bringen etwas zum Schwingen in mir. Ich lasse mich ergreifen und gerate in einen Zustand, der etwas Aufregendes, Erotisches hat.

4.

Die beiden Äpfel hängen noch immer am Baum des Nachbarn und leuchten feuerrot durch die Lücke. Ich schaue dem Morgen zu, wie er sich aus dem Grau der Nacht in matte Grüntöne aufhellt, wie sich in der Dunkelkammer ein Herbsttag vorbereitet.

Die Leiter war auch an die Apfelbäume meiner Kindheit gelehnt, wenn wir an Samstagnachmittagen beim Ernten helfen mussten. Körbe und Kisten standen am Boden, um die verschiedenen Sorten, alte Apfelsorten, die es heute nicht mehr gibt oder die mit dem Gütesiegel *ProSpecie-Rara* eine Renaissance erleben, für den Transport in den Keller aufzunehmen: Kläräpfel, Sauergrauech, Berner Rosen, Goldparmäne, Renette und Gravensteiner. Der Vater stand auf der Leiter, den Pflückkorb mit einem alten Ledergurt um die Hüfte geschnallt, und pflückte die reifen Äpfel Stück um Stück, während wir die zu Boden gefallenen zusammenlasen; nur die unversehrten, makellosen durften wir in die Kisten legen, die andern wanderten in den Korb zum Mosten, nachdem die angefaulten Stellen ausgeschnitten worden waren. Ich erinnere mich an das gebräunte Gesicht meines Vaters mit dem glatt nach hinten gekämmten schwarzen Haar, das sich vom tiefblau leuchtenden Herbsthimmel abhob; dann verschwand es mit dem ganzen Vater wieder in der Baumkrone, nur seine Beine auf der Leiter hingen herunter. Während mein Bruder, der jüngere von beiden, damit beschäftigt war herauszufinden, wie man den Transport der Apfelkisten von der Wiese in den Apfelkeller, wo die Ernte auf großen Hurden ausgelegt wurde, rationeller abwickeln könnte, bückte ich mich nach den Äpfeln am Boden und vermied es, die faulen anzufassen, an denen bleichnackte Schnecken klebten und Ameisen in den klaffenden Wunden wimmelten.

Mich erinnern heißt, gegen das Vergessen ankämpfen. Gegen das Verdämmern, Versinken, Verleugnen. Festhalten bedeutet, nicht aus den Augen verlieren. Auch Haselstrauchwand, Apfelbaumlücke mit Leiter, Waldausschnitt und Hügelhorizont haben klare Farben bekommen vor dem lichtgrauen Himmel.

5.

Die Kurzsichtigkeit habe ich von meiner Mutter geerbt. Eine Brille zu tragen, war, als ich noch klein war, nicht schick oder cool wie heute. In der Schule machte mich die Brille zusammen mit den guten Noten zur Streberin, die nicht an Partys eingeladen wurde, die an klirrenden Winternachmittagen auf dem Schlittschuhfeld allein am Rand stand, während die andern im Paarlaufen lachend ihre Runden drehten, die, auch dies, jeden Donnerstag allein den weiten Weg zum alten Schulhaus auf dem Schlosshügel hinaufstapfte, um beim pensionierten Dorflehrer in der Bibliothek neue Bücher zu holen. Dort oben, im Labyrinth der zimmerhohen Regale, in denen sich Buchrücken an Buchrücken reihte, war es egal, dass ich kurzsichtig war. Die Brille machte mich eher zur Verbündeten des passionierten Bücherkenners, der, wie ich erst später erfuhr, mit Hermann Hesse und Thomas Mann korrespondiert hatte und sich in der deutschen Literatur auskannte wie kein anderer. Für mich war er der Verwalter all der Schätze, die in den Gestellen lagen. Von ihm hing ab, ob ich zwei oder drei Bücher mitnehmen durfte, wenn er mich über den Rand seiner Brille hinweg kurz musterte, bevor er sich wieder den Papieren auf seinem Pult zuwandte. Meistens sprach er kein Wort mit mir, nie kommentierte er meine Bücherwahl, manchmal brummelte er Unverständliches vor sich hin, während er durch die schmalen Gänge zwischen den Bücherwänden humpelte und zurückgebrachte Bücher wieder einreihte. Ich las alles, was sich mir bot. So trug ich nach und nach sämtliche Karl-May-Bände den Schlosshügel hinunter. Wenn ich dann nachts im Schein der Taschenlampe in die Abenteuer von Old Shatterhand und Winnetou eintauchte, wenn ich mit ihnen die harten Prüfungen ihrer Freundschaft bestand und mich anstelle der schönen Schwester Winnetous in Old Shatterhand verliebte, dann lebte und fühlte ich, dann war ich unerschrocken, tapfer und treu wie meine Helden, dann war ich dabei, eine von ihnen.

Die Brille, die da oben im Reich der Bücher als Erkennungszeichen galt, war unten im Klassenverband ein Merkmal der Unbeliebtheit. Da nützte es auch nichts, dass ich mit meiner Mutter beim Optiker des Nachbardorfs ein modisches Gestell auswählen durfte, das mir gefiel. Eine Brille tragen zu müssen, blieb ein nicht wettzumachender Makel und schloss mich aus dem Reigen der Klassenschönheiten aus. Auch wenn ich später das Nichtdazugehören mit anderen Dingen verband als mit der Brille, kaufte ich mir mit meinem ersten Lehrerinnenlohn Kontaktlinsen.

Was konnte meine Mutter am Schluss noch sehen? Was wollte sie sehen? Wir merkten nichts von ihrer Sehschwäche. Erst in meiner Erinnerung wird ihre Unsicherheit beim Gehen sichtbar: Wie sie die Treppe vom oberen Stock herunterkam, die Schritte abgemessen, die Bewegungen steifer, langsamer, vorsichtiger; wie sie dann in die Küche schritt und in die dunkel getäferte Stube, Schritt vor Schritt setzend, bewusst setzend, sage ich heute, weil ich weiß, wie sich die zunehmende Sehschwäche anfühlt. Damals wusste ich es noch nicht, und Mutter verlor kein Wort darüber, jammerte nicht, teilte sich nicht mit, erledigte schweigend die alltäglichen Verrichtungen in ihrem kleinen Witwenhaushalt. Heute sehe ich sie vor mir, die Augen hinter den dicken Brillengläsern optisch verzerrt, das eine war blind, das Gesicht schien stets ein bisschen zu lächeln, es war das Lächeln der Unsicherheit, das die Angestrengtheit überlagerte. So richtete sie ihr Frühstück, das sie am Küchentisch verzehrte, eine Brotscheibe getoastet, dünn mit Butter und Bitterorangenkonfitüre bestrichen, dazu eine Tasse Schwarztee. Gepflegt, auch als plötzlich gealterte Witwe, zerbrechlich, geschrumpft. Sie aß wie ein Vögelchen. Ihr Blick ging vielleicht zum Küchenfenster hinaus in das neblig verhangene Grün der Apfelbäume und zu den von links ins Fenster hineinragenden Ästen der Hemlocktanne neben dem Haus. Er schweifte über den Kiesweg bis zum eisernen Gartentor, das auf der Nordostseite aus dem Park hinausführte, und weiter über den nun verwilderten Pflanzgarten mit den Reihen von Johannisbeeren, den noch erahnbaren Gartenbeeten, ihrem Reich in früheren Zeiten, als sie noch rüstig war und den Nutzgarten gekonnt bewirtschaftet hatte.

Heute sitze ich wie meine Mutter am Fenster, geht mein Blick auf den Garten hinaus. Ich bin nur zwei Jahre jünger als sie, als sie Witwe wurde.

6.

Kaum ein Tag vergeht, ohne dass ich gefragt werde, wie es mir als Pensionierter gehe, was ich denn nun den ganzen Tag mache, ob ich eine neue Aufgabe oder ein Projekt habe. Ich könne doch jetzt vermehrt reisen! Oder ein Buch schreiben! Gut, dass die Gelegenheiten für ein Gespräch selten geworden sind. Ich gehe kaum aus dem Haus. Gereist bin ich noch nie gern, wieso also heute. Und ich hasse diese Fragen, so wie ich das Wort Pensioniertenleben hasse. Ich hasse den gesellschaftskonformen Zwang, Auskunft zu geben. Über die Arbeit, den Stress, die nervenden Kollegen im Beruf, über die Kinder und ihre Ausbildungen, über die Karriere des Ehepartners oder über Ferien können wir uns in Gesellschaft ungefährdet unterhalten. Aber über das Nichtstun – unvorstellbar. Es existiert in unserem Denken nur im Freizeitlook, als Erholung von, Abwechslung im, Ausgleich zum. Aber nicht als Lebensinhalt.

Ich orientiere mich nach innen, nicht mehr nach außen. Was vorher Aufgaben, Pflichten, Klassen, Kollegium und Familie waren, nach denen ich mich ausrichten und denen ich mich anpassen musste, sind jetzt innere Räume, in denen ich mich tastend und suchend bewege. Meine Ansprechpersonen sind in mir drin, bin in erster Linie ich selber, sind Menschen aus meiner Vergangenheit. Mein Leben findet auf einer inneren Bühne statt. Hier suche ich nach Anhaltspunkten, hier suche ich nach einem Konzept, hier suche ich nach einer Rolle. Was vorher Auftritte waren in meiner Öffentlichkeit, der Schule, sind jetzt Besprechungen mit mir selber. Ob mir die Auftritte nicht fehlen? Die Frager werden nicht müde zu fragen. Ich habe das Interesse daran verloren. Der Aufwand, so kommt es mir heute vor, war sehr hoch, und er wurde immer größer, je älter ich wurde. Auf der Höhe zu sein, zu genügen oder, noch mehr als das, zu gefallen, beliebt zu sein – was für Marathonleistungen in der Schularena.

7.

Durch die Lücke in der bald haushohen Haselstrauchwand sehe ich in den Nachbargarten hinüber, heller Fleck
mit Wiese, angeschnittene Gartenbeete, dunkler Ast des
Apfelbaums.

So spähte ich durch Baum- und Heckenlücken hinaus,
wenn ich im Park meiner Kindheit hoch oben im Kastanienbaum saß, wenn ich im Tannenhaus mit den Puppen
spielte oder wenn ich mich im Fliederhäuschen hinter
dem Rasen mit den Rosen- und Rittterspornrondellen
duckte. Wie viele Spielplätze, Kinderreiche, Schatten-
häuser gehörten mir allein! Ich spielte im Schatten aus-
ladender Bäume und Tannen, ich träumte im Schatten
von niederen Heckengespinsten, ich lebte im Schatten
von Blättern und Ästen, die still in die Nachmittagsstun-
den hineinragten oder flüsternd und hüpfend im Morgen
tanzten. Ich war beschützt von den schattengrünen
Dächern und aufgehoben im weichen Teppich aus Moos
und Tannennadeln. Ich war mit dem Garten, in dem ich
spielte, verwachsen. Und wenn ich heute durch die Lücke
in der Hecke schaue, so scheint es mir, dass der Garten
dem meiner Kindheit immer ähnlicher wird. Gegen
Abend wuchsen die Schatten des Hauses in den Garten
hinaus. Sie erreichten das Kind noch nicht, das ich war

und das im Schutz der Bäume spielte und träumte. Aber sie lagen über dem Park und wanderten von Westen nach Osten, liefen der Sonne davon. Im Hausinneren lauerten die Schatten der Erwachsenen, riesenhafte Gestalten, die durch die Räume huschten. Wenn ich in meinen Verstecken spielte, sah ich sie nicht und wurde nicht gesehen.

Mein Kater könnte sie sehen. In der einbrechenden und in der schwindenden Nacht öffnen sich seine zu Schlitzen verengten Pupillen zu kreisrunden leuchtenden Kugeln, mit denen er die riesenhaften Gestalten wahrnehmen könnte.

8.

Apple streicht um meine Beine, er drängt mich zum Platz am Fenster, wo er sein flaumiges Katzengewicht auf meinen Fuß legt. Ich streichle sein samtschwarzes Fell und schaue ins Grau des entstehenden Morgens hinaus, der sich mit meinen Nachttraumfetzen vermischt. Die Äpfel auf dem Nachbargrundstück sind inzwischen gepflückt, die Lücke ist größer geworden, die Wand aus Haselsträuchern hat sich in ein löchriges Netz aus Astgerippe und Blätterwerk verwandelt. Es ist Ende Oktober. In den Augen des Katers schimmert ein blasses Bernsteingelb auf, wie die Blätter, die sich mit dem durchbrechenden Sonnenlicht gleich in klingende Münzen verwandeln werden. Er scheint sich dem Wechsel der Jahreszeiten anzupassen. Katzennatur.

Letzte Nacht habe ich vom Haus meiner Kindheit geträumt. Verlassen lag es im dunklen Park zwischen den hohen Bäumen da, Abenddämmerung, im oberen Stock waren zwei Fenster erleuchtet, was mir seltsam vorkam, war es doch schon seit vielen Jahren unbewohnt, meine Eltern und mein älterer Bruder schon lange gestorben, das Haus mit großem Verlust verkauft, und der Sargschreiner, der es erschwindelt hatte, lag auch bereits unter dem Boden, Selbsttötung, er war dem Druck seines

Lügenlebens nicht mehr gewachsen gewesen. Ich stand im Traum im Garten und starrte gebannt zur Villa hin, als ich hinter den erleuchteten Vierecken Schatten hin und her huschen sah.

Ich verscheuche das Traumbild. Plötzlich taucht auf der inzwischen gelbgrauen Wand des frühen Herbstmorgens ein anderes Bild vor mir auf. Das Bild. Habe ich nicht irgendwo eine Kunstkarte davon aufbewahrt? Ich begegnete ihm zum ersten Mal in Venedig, auf einer unserer spontanen Kurzreisen, die Raoul und mich vom Kinder- und Arbeitsalltag weg und hin zu unserer zunehmend vergessenen und verwaisten Partnerbeziehung führen sollten. Wir wollten die Peggy Guggenheim Collection besuchen. Es war Herbst, der Himmel wie heute grau verhangen, was die Konturen der Palazzi auf der anderen Seite des Canale Grande verwischte und gleichzeitig die abgeblätterten Fassaden aufleuchten ließ: eine dramatische Inszenierung des Untergangs. Als wir das Museum betraten, tauchten wir in eine puristische Architektur in Weiß ein. Der Kontrast hätte nicht größer sein können. Weiße Wände, weiße Fliesen, weiße Stufen und Brücken mit weißen Geländern, die in verschiedene Ausstellungsräume führten. Nur durch die bodenhohen Fenster zum Canale Grande hin drang der Zerfall Venedigs herein. Wir überließen uns dem Strom der Besucher, glitten von Raum zu Raum, von Bild zu Bild, blieben da und dort stehen vor einem Gemälde, trieben weiter. Ich fühlte mich wie eine Passagierin auf einem Luxusschiff. Der Boden unter mir wankte. Da stand ich plötzlich davor. Vor dem Bild, das ich sofort als meines erkannte. Das Schiff, die Menschen, die Geräusche, das Museum, die

Stadt um mich herum verschwanden, da war nur noch das Bild vor mir und ich.

Ein herrschaftliches Haus in der Nacht, zwei Fenster im Obergeschoss sind erleuchtet, die übrigen mit schmalen schilfgrünen Läden verschlossen. Auf zwei Läden fällt Licht einer Straßenlaterne, die einen Lichtkreis auf die Mauer zeichnet. Links davon ein Baum, der die Villa um Haushöhe überragt, er steht ebenso schwarz vor dem Haus wie der Wald, der das Haus auf beiden Seiten umgibt. Auf dem graphitschwarzen leeren Platz davor spiegelt sich das Licht der Fenster und der Straßenlaterne verzerrt in einer glitzernden Regenlache. In einem seltsamen Kontrast zur Nachtstimmung wird die obere Hälfte des Bildes von einem azurblauen Himmel mit lieblichen, weißen Wolken gefüllt.

Benommen starrte ich auf das Bild, das mir so vertraut war, als ob ich es schon immer gekannt hätte. War es das Haus, das mich an das Haus meiner Kindheit erinnerte? War es das Düstere, Geheimnisvolle, waren es die Schatten, die mich als Kind ständig begleiteten? Es wirkte fremd und unergründlich. Was für ein Geheimnis lag hinter den verschlossenen Fensterläden? Es sprach zu mir in einer Sprache, die ich nicht verstand, und dennoch fühlte sich meine Seele darin zu Hause.

Das Bild ist berühmt: *L'empire des lumières* von René Magritte.

Im Museumsshop kaufte ich mir dann jene Kunstkarte, die ich zu Hause in mein Tagebuch legte. Dort vergaß ich sie. Als das Tagebuch vollgeschrieben war, machte es dem nächsten Platz und dieses wieder dem nächsten, und so geriet das Bild in Vergessenheit.

Bis es heute plötzlich wieder vor mir auftaucht, in dieser frühen Stunde zwischen Nacht und Tag, auf die locker gewordene Wand aus Blättern und Astwerk projiziert wird und das Traumbild überlagert.

Ich muss wissen, was es mit diesem Bild auf sich hat, und so schalte ich den Computer ein, um mehr zu erfahren. Bei Wikipedia stoße ich auf folgende Sätze des Künstlers:

»Im *Reich der Lichter* habe ich verschiedene Vorstellungen wiedergegeben, nämlich eine nächtliche Landschaft und einen Himmel, wie wir ihn am Tage sehen. Die Landschaft lässt an Nacht und der Himmel an Tag denken. Ich finde, diese Gleichzeitigkeit von Tag und Nacht hat die Kraft zu überraschen und zu bezaubern. Ich nenne diese Kraft Poesie.«

Ich klappe den Laptop zu und setze mich wieder ans Fenster. Es ist, wie wenn dieses Bild all die Jahre auf mich gewartet hätte. Nun verstehe ich auch, warum es mich damals in Venedig überfallen hat. Meine Hingezogenheit zur Stunde zwischen Nacht und Tag. Meine Ambivalenz zwischen dunklen Nacht- und heiteren Taggedanken. Meine Offenheit und Durchlässigkeit in diesem Zustand. Das Bild führt mich zurück ins Haus meiner Vergangenheit und seine dunklen Geheimnisse. Oder gibt es auch helle? Verbergen sich hinter den erleuchteten Fenstern auch Feste, Geselligkeit, fröhliches Lachen, Gläserklirren? Der azurhelle Wolkenhimmel spannt sich über mein neues von Arbeit und Pflicht befreites, aber leeres Leben. Nachtgedanken. Taggedanken. Hautflimmern zwischen Innen und Außen.

Die Kunstkarte finde ich tatsächlich zwischen den Seiten eines alten Tagebuchs wieder. Wie konnte ich dich all die Jahre vergessen, flüstere ich ihr zu und stelle sie, angelehnt an die Arbeitslampe, auf meinen Tisch.

9.

Das Laub hat sich gelichtet. Die gelben Blätter leuchten im sanften Morgenlicht. Noch bleibt die Sonne im wolkenverhangenen Himmel unsichtbar, aber sie taucht das Fenster in ein weiches Bühnenlicht.

Gestern bin ich in der Dorfbäckerei meinem alten Biologielehrer begegnet. Ich bin lieber allein, auch wenn ich unter die Leute gehe. Aber ich konnte dem Gespräch nicht ausweichen. Und es zog sich in die Länge. Er erzählte eine Anekdote nach der andern, die Stichwörter zur nächsten gab er sich selbst, und obwohl ich darauf wartete, mich von ihm verabschieden zu können, hörte ich ihm gebannt zu. Er ist noch immer ein ausgezeichneter Erzähler, auch wenn er alt und geschwätzig geworden ist. Beim Reden spritzte Speichel aus seinem Mund, zuerst auf meine Hand und dann sogar ins Gesicht, worauf ich mich unauffällig einen Schritt wegbewegte, so weit, dass er mich nicht mehr treffen konnte. Dass er damals, als er im Seminar unsere Klasse übernahm, ein Junglehrer war, hatten wir nicht gemerkt, oder ich kann mich nicht mehr daran erinnern. Für mich war er schon damals ein gesetzter Professor.

Noch bin ich nicht so weit, glaube ich zumindest. Noch muss eine Begegnung mit mir, der alten Lehrerin, auf der Straße nicht beschämend oder unangenehm sein. Noch schlurfe ich nicht als geschlechtsloses Neutrum in Trotteurs und Regenmantel mit der Nylontasche ins Dorf, um Brot und Milch einzukaufen. Noch gehöre ich nicht zur Gattung der beigen Rentner. In dieser fadesten aller faden Farben werde ich nie herumlaufen. Und noch erspare ich den Jungen den Anblick von Zahnlücken, sprießendem Barthaar am Kinn und leerem Blick. Aber eines Tages wird es vielleicht so weit sein, dass eine Begegnung mit mir peinlich wird. Was dann?

Die Schule ist weiter weg gerückt von mir. Unmerklich und doch stetig habe ich mich entfernt vom Schulleben, von den Gerüchten und Geschichten, die in diesem Biotop wachsen, von Freundinnen und Kollegen. Das alles geht mich nichts mehr an. Es scheint, dass seit meiner Pensionierung eine neue Kategorie in mir wirksam geworden ist. Sie heißt »Überprüfen«. Was bleibt von einer Beziehung, wenn der gemeinsame Nenner Schule wegfällt? Die Zwischenbilanz ist ernüchternd. Die Distanz, die sich zu meinem früheren Arbeitsort eingestellt hat, betrifft auch die Menschen. Ich blicke auf die Schule durch ein verkehrt herum gehaltenes Fernglas und sehe meine Kollegen und Freundinnen als winzige Figürchen sich bewegen, miteinander plaudern, mir zulachen und davoneilen. Eine niedliche Welt. Kaum zu fassen, denke ich jetzt, dass sie einmal so wichtig war für mich, und ich mittendrin.

10.

Der Morgen kriecht nachtschwer und nass aus den Feldern. Wie Schriftzeichen hängen die nackten Zweige der Haelsträucher im nebelverhangenen Himmel, die letzten Blätter daran sind schwarze Pinselstriche, Verdickungen der Schrift, die ich nur deuten, nicht entziffern kann. Noch sitzt der Schlaf in meinen Augen. Schlafen und träumen, von Sommer, Vogelgezwitscher, Sonnenstrahlen und Käfergesumm. Schauen und versinken, im filigranen Geäst, wo sich die Himmelsschrift zu kleinen Botschaften aufschlüsselt.

Was war in meinem Leben so anders, als ich noch mittendrin war? Ich fuhr je nach Stundenplan an vorgegebenen Wochentagen zur Schule, hielt meinen gut vorbereiteten Unterricht, nahm an Sitzungen teil, führte in Zwischenstunden ein notwendiges Arbeitsgespräch mit einer Schülerin oder traf mich mit einer Kollegin für einen Schwatz, ging schließlich mit der meist schwer beladenen Schultasche wieder zum Parkplatz, stieg ins Auto und fuhr nach Hause. Zu Hause nahmen mich die Kinder und mit ihnen die Turbulenzen des Familienlebens in Beschlag, die täglich neu gemischt wurden. Am Abend setzte ich mich an meinen riesigen Arbeitstisch, der die Form eines Flügels hatte – ein winziger Sehnsuchtsrest des Mädchentraums, Konzertpianistin zu werden –, und bereitete die Lektionen für den nächsten Tag vor. Mein Leben war vom Schulrhythmus bestimmt, Tag und Nacht, denn auch der Schlaf war beeinflusst vom nächstfolgenden Tag: War es ein Schultag, stand ich unter Spannung und ging meist viel zu spät ins Bett. Ich richtete mich auf die Schule aus und in diesem Rahmen ein. Ich richtete mich darin so gut ein, dass es mir bis zum Schluss gefiel an der Schule.

Die Zweige vor meinem Fenster verwandeln sich in ein Gitter, durch welches die Berufszeit undeutlich, aber gerastert aufscheint. Ich versuche durch die Gitterstäbe etwas zu erhaschen, aber nichts nimmt eine Gestalt an. Nur die Stäbe stehen schwarz und scharf konturiert vor mir.

Ich fühlte mich eigentlich nie wie in einem Gefängnis, als ich noch dabei war. Die festen Strukturen gehörten ebenso dazu wie die Schülerinnen und Schüler, die Kolleginnen und die Schulleiter, mit denen ich mich innerhalb des begrenzten Areals bewegte. Ich fühlte mich manchmal sogar geborgen, geachtet, getragen, gehört. Hinter dem schwarzen Gitter leuchten plötzlich Begriffe auf, die inzwischen aus meinem Sprachgebrauch verschwunden und, wie ich meinte, ins Vergessen abgetaucht sind: Jahrespläne, Semesterprojekte, Unterrichtseinheiten, Bildungsziele, Prüfungssoll, Notenabgaben, Feedbackkontrollen. Unter ihrem Joch arbeitete, malochte, sisyphoste ich, denn kaum hatte ich etwas erledigt und gestrichen, war schon die nächste Arbeit nachgewachsen, weshalb die Liste in meinem Kopf immer etwa gleich lang blieb, nie leer wurde. Ohne Disziplin ging es gar nicht. Meine eigenen Ansprüche, mein Pflichtbewusstsein, meine Gewissenhaftigkeit machten es mir noch schwerer. Verzichten auf, müssen bis, durchbeißen halt. Wollen und Müssen ineinander verschlungen wie ein Liebespaar. Habe ich je herausgefunden, ob ich diesen Beruf ausüben wollte oder musste? Wenn ich meinen jüngeren Kolleginnen zuhörte, alle zehn, zwanzig, dreißig Jahre jünger, und sie über den dauernden Stress, über Erschöpfungssymptome, über Burn-out-Ängste reden hörte, dachte ich: Was, jetzt schon? Und dann: Wie hielt ich den Druck so lange aus?

Ich werfe die guten und die schlechten Erfahrungen, die Belohnungen und die Belastungen in die Waagschale. Was wog mehr? Geborgenheit gegen Druck. Auftritt gegen Leistung. Anerkennung gegen Anstrengung. Aber die Waagschale erzittert nur ein bisschen durch die Berührung, weder hebt noch senkt sie sich, bei keinem Gewicht, das ich drauflege.

Auch die Leuchtwörter hinter dem Schulgitter sind verschwunden, zum Glück, die schwarzen Zweige der Haselsträucher bilden wieder ein zartes Gitterwerk vor dem hellgrauen Himmel.

11.

Traumfetzen der Nacht schwimmen an der Oberfläche herum, die sich im Nebelgrau des Morgens auflösen. Während ich Apples Fell streichle, fällt mir eine Zeile wieder ein, die ich gestern beim Zeitunglesen aufgeschnappt habe: In Träumen hängend ruhe der Mensch gleichsam auf dem Rücken eines Tigers. Ich glaube, es war ein Nietzsche-Zitat. Genau so fühle ich mich. Ich schaukle und träume durch die Tage, untätig, einsam, in mich versunken, und dann spüre ich in einem Traumstück, einem Bild oder einem Gedanken eine raubkatzenhafte Kraft auflodern.

Im Traum war ich mit meinem Mann und unserem Kind unterwegs, ob auf einer Reise oder auf der Flucht, weiß ich nicht mehr, wir suchten einen Unterschlupf für die Nacht. Plötzlich standen wir vor dem Haus meiner Jugendfreundin. Ich erkannte es im Dunkeln sofort, es stand allein auf einem Hügel, niemand schien darin zu wohnen. Wir schlüpften hinein, durften uns aber nicht umsehen, was ich nach so vielen Jahren gerne getan hätte, sondern mussten es vor Tagesanbruch wieder verlassen, weil dann die neuen Besitzer zurückkehrten.

Rosi war meine erste richtige Freundin. Das Haus auf dem kleinen Hügel war so anders als mein Elternhaus, kleiner, gemütlicher. Mit dem ausladenden Dach und dem Holzbalkon über die ganze Hausbreite ähnelte es einem Chalet, nur aus Stein. Ich fühlte mich dort fast wie zu Hause. Oft durfte ich bei Rosi übernachten, ganz spontan, wenn wir uns nach der Schule hin- und herbegleitet hatten, zwei-, dreimal, weil wir nicht fertig wurden mit Reden. Kommst du noch bis zu mir nach Hause, warte, ich begleite dich noch bis zu dir, komm, wir fragen, ob du bei mir schlafen darfst, dann holen wir deine Sachen, komm! So ging das hin und her, und je nach Gesprächsstoff war es dann bei mir oder bei Rosi, wo wir die Übernachtungsfrage stellten und immer Zustimmung bekamen.

Oder war doch Maja meine erste Freundin? Maja wohnte in einem Bauernhaus nahe der Kirche. Auf dem Platz vor dem Haus gab es einen großen Brunnen, und wenn ich bei Maja übernachten durfte, hörte ich ihn durch die offenen Fenster plätschern. Wir besuchten den gleichen Kindergarten. Als wir für die Klasseneinteilung in die Grundschule rote und blaue Marmeln ziehen mussten, zog sie eine blaue und ich eine rote; so kam Maja in eine andere Klasse.

Mit Rosi teilte ich die ganze obligatorische Schulzeit. Erst gegen Ende der Bezirksschule, als es um die Entscheidung der nächsten Zukunft ging, begannen sich unsere Wege zu trennen. Und damit ging auch unsere Freundschaft zu Ende. Rosi machte eine kaufmännische Lehre, ich ging ins Lehrerinnenseminar. Die Distanzierung war voraussehbar, als sich unsere Entscheidung abzeichnete, aber wir wollten sie zunächst nicht wahrhaben. Zwischen denen, die nach der Schule eine Berufslehre beginnen sollten, und das waren die meisten in der Klasse, und denen, die in der Stadt die Kantonsschule oder das Seminar besuchen würden, entstand eine feine unsichtbare Trennlinie. Je näher der Schulabschluss rückte, desto größer wurde sie, am Ende war es eine Kluft. Aus den neuen Lebensabschnitten, die vorerst nichts als Erwartungen waren, bildeten sich je andere Solidaritäten. Mit vier weiteren Kandidaten zusammen saß ich an den schulfreien Nachmittagen in einem Schulzimmer und löste unter der Aufsicht des griesgrämigen Mathematiklehrers Prüfungsaufgaben vergangener Jahre. Auch für die Französischprüfung bekamen wir alte Prüfungsblätter zum Üben, büffelten Subjonctif- und Passé-simple-Formen und übten, das Complément direct und indirect richtig einzusetzen. Für die Deutschprüfung bestimmten wir Satzglieder und Wortarten und füllten Lückentexte aus. Während die andern sich zum Shoppen und Musikhören trafen. Ich verstand Rosi plötzlich nicht mehr, sie mich wohl auch nicht. Sie orientierte sich nach den andern, freute sich darauf, bald eigenes Geld zu verdienen, interessierte sich plötzlich für lackierte Fingernägel, Lippenstift und Seidenstrümpfe, während ich noch mit dunkelblauen Strumpfhosen herumlief. Wir wurden uns fremd. Spätere Versuche, die Freundschaft wiederherzustellen, als ich schon Mittelschülerin und sie Lehrling war, verliefen im Sand. So verloren wir uns aus den Augen.

Bis dahin jedoch waren wir unzertrennlich. Wir teilten alles miteinander. Habe ich später je wieder eine Freundschaft mit dieser Selbstverständlichkeit, dieser Ausschließlichkeit, dieser Intensität erlebt? Im Sommer fuhren wir zum Schwimmen mit den Velos an den nahen See, einmal überquerten wir ihn sogar, in Begleitung von Rosis Vater, der im Ruderboot neben uns auf uns achtgab. Im Winter verband uns, dass wir beide nicht gut Ski fahren konnten. Unsere Eltern waren unsportlich und fuhren nicht Ski, also lernten wir es nicht wie die andern in privaten Skiferien, sondern in den Skilagern der Schule, wo wir beide zu den Anfängern in die letzte Gruppe eingeteilt wurden. Um der Schmach zu entgehen, im nächsten Jahr wieder zu den Letzten zu gehören, übten wir am kleinen Hang neben Rosis Haus. Wir stapften im »Tännlischritt« hinauf und konnten gerade mal drei Bogen in den schweren Frühlingsschnee stemmen, so kurz war der Auslauf. Für eine Schussfahrt hatte der Hang zu wenig Gefälle. An Rosis neue Skijacke erinnere ich mich besser als an ihre Fahrkünste: weiß mit einem Muster aus kleinen Dreiecken in den Farben Flaschengrün, Rostrot und Hellgrün, das Innenfutter war grün, sie hatte eine große Kapuze. Die Jacke war aus einer festen Baumwolle, die sich robust und wetterfest anfühlte. Dazu flaschengrüne Skihosen. Zu ihren roten Haaren sah das unglaublich gut aus. Ich glaube, ich beneidete sie.

Im Frühling unternahmen wir Velotouren zum nahen Landessender Beromünster, wo wir picknickten. Während allen Jahreszeiten spielten wir in unserem Garten, wir bauten Hütten und richteten sie ein, zelteten im Sommer, sprangen im Herbst in die meterhohen Laubhaufen

hinein und bauten bald darauf Schneemänner mit Rüben-
nasen und Kohlenaugen. Von der dritten Klasse an fuhren
wir jeden Samstagnachmittag mit den Velos zur Wald-
hütte am Fuße unseres Hausbergs, um uns zusammen
mit den andern Pfadfindermädchen im Wald auszutoben.
Mit ihnen fuhren wir beide auch jeden Sommer ins Pfad-
finderlager, schliefen auf den Luftmatratzen eng neben-
einander ein, teilten unser Heimweh, unsere Fresspakete
und unsere Ängste vor den Mutproben und Abenteuern,
die zu diesen Lagern gehörten.

Wahrscheinlich redete ich am Tisch bei Rosis Eltern auch
nicht mehr als zu Hause, aber aus anderen Gründen.

Rosis Mutter hat in meiner Erinnerung immer eine
Schürze getragen, handgewobenes Leinen, die grauen
Haare waren zu einem strengen Knoten zurückgebunden,
ein Augenlid hing etwas herunter und zuckte, was wie
ein Zwinkern aussah. Schmal und eher klein stand sie in
der Küche und hantierte mit Töpfen und Kellen. Sie lächelte mich an, wenn ich mit Rosi kam, sie war freundlich, bescheiden, unauffällig. Der Vater war derjenige,
der am Tisch das Gespräch führte, uns nach der Schule
fragte und manchmal nach dem Essen bei den Rechen-
aufgaben half. Er kam aus der Welt nach Hause und ging
wieder dorthin zurück nach der Mittagspause, zu der
immer ein kleines Nickerchen auf dem Sofa gehörte. Das
Leben in Rosis Familie kam mir geregelter, kleiner, gemütlicher vor als das bei mir zu Hause. Alles passte ins
heimelige Chalethaus hinein, in dem sie wohnten.

Erzählten wir uns wirklich alles? Über die Tabus
redeten wir sicher nicht miteinander. Mein Register an

Sünden, das sich unter den strengen moralischen Erziehungsmaßstäben meiner Eltern immer wieder aktualisierte, verschwieg ich. Diese Last trug ich alleine mit mir herum. Es gab natürliche Grenzen in unserer Freundschaft, jede hatte ihr Hoheitsgebiet. Es wäre uns nicht in den Sinn gekommen, über unsere Sexualität zu reden, wir hätten nicht gewusst, was und wie wir davon reden könnten. Es gab genug, wovon wir nicht genug bekamen, es nach der Schule zu besprechen: die andern der Klasse, die Lehrer, die Aufgaben, die Pfadfinderei, unsere Wünsche und Sorgen, es hörte nie auf, und ich hatte nie das beklemmende Gefühl, ich müsse ein Schweigen zwischen uns mit Reden füllen, wie es bei späteren Freundschaften manchmal entstand. Vielleicht stellte die Freundschaft mit Rosi auch eine Art gesunden Ausgleich zur Situation zu Hause dar, wo ich als das jüngste Kind meist stumm blieb bei Tisch, während die Erwachsenen das Gespräch bestritten, der Vater, der große Bruder, selten die Mutter und der andere Bruder. In Rosis Elternhaus war alles einfacher und übersichtlicher.

Heute weiß ich, dass Frauenfreundschaften anders funktionieren als die unter Männern. Der Keim dazu wird in der Kindheit mit den ersten Freundinnen gelegt. Während Buben ihre Kräfte aneinander messen, vertrauen Mädchen einander Geheimnisse an: »Ich erzähle dir jetzt etwas, was du keinem andern erzählen darfst! Nie, verstehst du? Versprichst du es mir? Du bist die Einzige, der ich es verrate! Niemand sonst weiß davon!« Sie machen das Geheimnis zum Beweis ihres Vertrauens, zum Pfand ihrer Freundschaft. Und wehe, wenn es verraten, verplaudert, vergeben wird. Das ist ein bitterböser Verrat, der früher oder später gerächt wird. Mit Gegenverrat, mit Intrigen, schließlich mit dem Aufkünden der Freundschaft. Warum gehen Mädchen so erbarmungslos mit ihren Gefühlen um? Verbünden wie verraten, beides radikal. Wir brauchen Nähe und schaffen sie, indem wir einander unser Geheimstes zeigen. Doch irgendwo steckt das Intrigieren wie ein Stachel in uns fest.

Während ich in den Morgen hinausschaue, denke ich an später entstandene Freundschaften, die das Verschwörungspfand nicht mehr brauchten. Und an solche, die es trotzdem noch einforderten und daran zerbrachen.

12.

Die Gedanken schwirren in meinem Kopf. Ungeduldige, flatternde Vögel sind sie, drängen, können nicht stillhalten und vermischen sich mit den krächzenden Vogelrufen im Garten. Ich lasse die Vogelgedanken durch mein Kopfhaus stürmen, sie schlagen um sich, schlattern mit den Flügeln, um dann wieder davonzurauschen. Auf die Unruhe folgt mit einem Flügelschlag Stille. Nur ein Wort ist in mich hineingefallen und bleibt auf dem Grund. Schlattern.

Gedanken hüpfen
von Ast zu Ast
federnd gefiedert und
schwarzbraun gescheckt
einander verdrängend
sind sie weg-
geflogen – ein Zittern
im kahlen Geäst
meines Kopfwerks
verrät ihre Last
da und dort bleibt
ein Wort hängen
flattert im Wind
beflaggt mein Haus.

Der bevorstehende Abflug von Raoul in die USA, sein auf-
geklappter Koffer auf dem Bett, die Geschäftigkeit der
letzten Verrichtungen, die vor einer Abreise erledigt werden müssen, all das überträgt sich als Spannung auf das
ganze Haus und auf mich. Inzwischen machen die Vögel
draußen Lärm, ihr Klopfen und Krächzen wird lauter und
fordernder. Im weich aus der Nacht entstandenen Himmel ist ein Flugzeug zu hören, das mit Kurs irgendwohin
fliegt.

Als er die Einladung aus Philadelphia erhielt, als Gast-
dozent an der Temple University einen Semesterkurs in
Psychosomatik zu übernehmen, hat er mich gefragt, ob
ich ihn nicht begleiten wolle. Das würde mich auf andere
Gedanken bringen. Ich könnte einen neuen Teil von Amerika erkunden, neue Eindrücke sammeln, neue Menschen kennenlernen. So verlockend diese Aussichten
auch klangen, keine davon konnte mich reizen. Weißt du,
sagte ich zu ihm, in mir ist gerade kein Platz für andere
Gedanken, ich bin nicht neugierig auf andere Orte und
andere Menschen. Ich muss hier bleiben. Die Menschen
und Orte, die mich beschäftigen, sind hier, in mir. Ich
habe ihm aber versprochen, dass ich über die Feiertage
und den Jahreswechsel nicht allein bleibe, dass ich etwas
organisiere. Vielleicht kommen die Kinder an Weihnachten nach Hause. Und für die letzten Tage im Jahr habe ich
eine Einladung von Freunden, die im Engadin leben.
Zehn Wochen sind lang. Aber ich habe kein Zeitgefühl.

Ich brauche die Struktur nicht mehr, die das Berufsleben ungefragt mitlieferte. Das Einzige, was ich inzwischen nicht mehr missen möchte, ist die Stunde am

frühen Morgen, wenn der Tag noch nicht begonnen hat. Wie eine Nachtwandlerin schwanke ich zwischen Nacht und Tag und fühle mich aufgehoben.

Ich muss hierbleiben. Etwas Stärkeres als die Neugierde auf neue Erfahrungen hält mich zurück und zurrt mich hier fest. Es ist etwas Altes. Oder vielleicht etwas Neues. Ich weiß es nicht. Aber ich muss herausfinden, was es ist.

Auf den Wiesen und abgeräumten Gemüsebeeten der Nachbargärten liegt Raureif. Aus den Kaminen steigen steife Rauchfahnen auf und zeichnen weiße Säulen und Trichter vor die gräulich grüne Hügelkulisse. Der Winter kündigt sich an. Und damit die Sehnsucht nach der Sanftheit des Schnees.

13.

Im Dunkel werden die filigranen Astgerippe, die Baumsilhouetten, Häuserfronten und in der Ferne die Waldschraffuren sichtbar. Farben, Formen, Konturen, Details beginnen sich abzuzeichnen.

Die Krähen fliegen ins Bild, eine, zwei, viele. Ihr raues Krächzen durchbricht die Stille, was tröstlich ist, obwohl es sie noch lauter macht.

Seit ich vor vielen Jahren im Spital lag, sind die Krähen meine Freunde.

Sie kamen jeden Tag, kreisten über dem Spitalpark, glitten auf die Äste der riesigen Baumkronen nieder und krächzten. Ich hörte dem Wechselgesang ihrer Rufe zu, klagend und suchend, dazwischen einzelne fragende oder fordernde Rufe. Fünf Wochen absolute Bettruhe wurden mir verordnet, auf dem Rücken, ich durfte nicht aufstehen, auch nicht für den Toilettengang. Der Arzt sprach von der einzigen Möglichkeit, den Bandscheibenvorfall mit den schmerzhaften Ausstrahlungen und Lähmungserscheinungen konservativ zu behandeln. Zwar sollte ein Rückfall ein Jahr später die Operation trotzdem notwendig machen, aber in jenem Herbst lag ich wie Kafkas Käfer auf dem Rücken, gefangen und isoliert in den manchmal unerträglichen Schmerzen. Das Spitalzimmer, in dem ich allein lag, sah eher wie eine

Gartenhalle aus. Eine Reihe von Sprossenfenstern in der Größe von Bettlaken ging auf die Parkseite hin. Ich schaute direkt in den Himmel und in die imposanten Baumkronen, wo sich die Krähen versammelten. Die Vögel schienen um meine Schmerzen zu wissen und sie aufzunehmen, irgendwie tröstete mich das in der Verlassenheit meines Spitaldaseins. Sie riefen sich meinen neusten Zustand zu, beklagten mein Elend, teilten eine Vogelweile lang meine Trauer mit mir, bevor sie weiterzogen, ein dunkler Schwarm am grauen Himmel.

Die Krähen wurden meine Verbündeten. Und sind es geblieben. Dass sie zusammen mit ihren größeren Brüdern, den Raben, zu den intelligentesten ihrer Gattung gehören, habe ich viel später von einem Ornithologen gehört. Er erzählte mir, dass ihre Intelligenz der menschlichen sehr nahe komme. Wissenschaftliche Untersuchungen hätten gezeigt, dass sie eine außergewöhnliche Merkfähigkeit haben und sich in andere hineinversetzen können. Hatte ich nicht genau das erlebt mit den Vögeln, die mich in meiner Spitalzeit jeden Tag besuchten? Die Menschen in der Antike müssen davon gewusst haben, denn nach alten Überlieferungen haben Götter und Könige die Intelligenz der Vögel verehrt und genutzt. Aber durch eine babylonische Version des Sintflut-Mythos, in welcher der Rabe als Einziger nicht zurückkehrte vom überschwemmten Land, wurde er zum Unglücksboten.

Inzwischen sind die Krähen aus dem Bild hinausgeflogen. Eine lässt noch ein Krächzen von der nahen Tanne herab hören, als wolle sie mich grüßen. Der schräg fallende Schneeregen wechselt mit nassen dicken Flocken ab.

14.

Seit gestern bin ich allein. Raoul ist abgeflogen. Er hat sich Sorgen gemacht um mich. Mich allein im Haus zurückzulassen, ohne dass ich etwas Konkretes tue, falle ihm schwer. Es wäre einfacher für ihn, wenn ich eine Beschäftigung hätte, die mich ausfüllen würde, hat er gemeint. Dabei muss er sich wirklich keine Sorgen machen, bin ich doch den ganzen Tag und sogar nachts in den Träumen beschäftigt. Mit mir selber. Um sich zu beruhigen und mich zu beschützen, hat er in der Küche das Holz für den Kachelofen aufgefüllt.

Und so habe ich ihn ziehen lassen, habe dem Zug nachgeweint, der ihn zum Flughafen brachte, bin ins leere Haus zurückgekehrt und habe es sofort bereut, dass ich mich dagegen entschieden habe, ihn zu begleiten.

Ännet em Teich hieß der Kontinent Amerika in meiner Familie. Seit ich denken kann, wirkte er wie ein Magnet auf mich. Seit ich das erste Mal an der Hand meiner Eltern auf der Zuschauerterrasse des Flughafens Zürich stand und auf die Ankunft der Swissair-Maschine aus New York wartete, in der meine Tante saß, um uns zu besuchen. Als der Riesenvogel mit dem Schweizer Kreuz auf der Heckflosse endlich landete, die fahrbare Rolltreppe zusammen mit den Gepäckwagen herangerollt wurde, als das Bodenpersonal unten an der Treppe bereitstand, um die Fluggäste zu empfangen, als sich am oberen Ende die Türe im Rumpf des Flugzeuges öffnete und ein Passagier nach dem andern in der schwarzen Öffnung erschien, kurz stehen blieb, um dann mit kleinen, schnellen Schritten die Treppe hinunterzueilen und sich mit den andern zu einer Gruppe um die Stewardess herum zu sammeln, als schließlich meine geliebte Tante auf der Treppe erschien, die Hand über die Augen legte, um sich vor dem plötzlichen hellen Licht zu schützen, und ihr weißer Schal mit gelben Punkten dabei wie eine Fahne im Wind flatterte – da, ja da erlebte ich die große weite Welt ganz nah. Ich fühlte mich ein bisschen dazugehörig und stellte mir vor, dass ich später einmal wie sie in Amerika leben und zwischendurch mit der Swissair nach Zürich fliegen, genau wie sie elegant gekleidet aus dem Flugzeug steigen und meinen Eltern zuwinken würde.

Es kam anders. Ich blieb auf solidem Schweizer Boden und innerhalb der Muster eines bürgerlichen Lebens. Ich heiratete Raoul, wurde Gymnasiallehrerin, gebar drei Kinder, die wir zusammen großzogen. Wir führten einen Familienhaushalt mit zwei Berufen. Die Sehnsucht nach einem ganz anderen Lebensentwurf, die ich weiterhin mit Amerika verband, blieb ein Traum, der wie eine zarte Wolke am Himmel hing. Viel später erst bereiste ich das Land *ännet em Teich* mit Raoul. New York. Das Staunen über die vertikale Dimension einer Stadt, über das akkurate Gitternetz des Stadtplans, das sich wie ein Kippbild in die Höhe aufklappen ließ. Wir liefen *downtown* und *uptown* durch Manhattan mit nach oben gereckten Gesichtern, aßen auf den beiden Kingsize-Betten, die wie Schiffe im Hotelzimmer vor Anker lagen, exquisite Leckereien eines Gourmetgeschäfts aus Plastikschalen und tranken Chardonnay aus den Zahngläsern. Wir joggten durch den Central Park und fühlten uns großartig. In Colorado mieteten wir ein Auto und fuhren zu den Naturwundern der Canyons und National Parks. In Kalifornien verstummten wir angesichts der gigantischen Schönheit des Pazifiks. Auf diesen Reisen fühlte ich mich seltsam zu Hause im fremden Land. Wie wenn ich schon einmal hier gelebt hätte. Zusammen blühten wir beide auf in Amerika. Die unglaubliche Weite des Landes, die unkomplizierte Liebenswürdigkeit der Menschen, die atemberaubende Schönheit der Natur schienen sich auf uns zu übertragen. Wir fühlten uns frei, offen, weich, einander nah.

Was für eine Gelegenheit also, hadere ich nun mit mir, was für eine Chance habe ich verpasst. Apple reißt mich aus meinem Grübeln. Ich schaue ihm zu, wie er gierig Wasser trinkt, dann ist in der Küche nur noch das Krachen des Trockenfutters zwischen seinen Zähnen zu hören, unterbrochen vom Geräusch des hin- und hergeschobenen Katzentellers auf dem Steinboden.

Ich bin nun doch froh, dass ich über den Jahreswechsel bei unseren Freunden im Engadiner Dorf unterschlüpfen kann. Auch für das Holz in der Küche bin ich dankbar. Bald knistert das Feuer im Ofen. Apple schnurrt zufrieden und streicht um meine Beine. Beides umhüllt mich wie eine warme Decke und glättet die Gefühlsstürme, die um den Abschied und die entschwundene Reise aufgewallt sind.

15.

Ich schaukle hin und her im Schiff meiner Morgen-
schwere, die Gedanken schwanken auf Brücken zu, die
plötzlich abbrechen und ins Wasser stürzen, oder sie führen zu weiteren Brücken aus Wörtern und über diese zu
einem Luftschloss aus nichts als Gedanken gebaut. Doch
schon hat es sich verflüchtigt, in Nebelschleier aufgelöst,
ich schaukle weiter von Boje zu Boje. Ein Krähenruf, das
Schnattern der Ofenklappe in der Küche, ein frühes Auto
auf der Straße. Signale der Außenwelt.

Eingeschlossen, eingeigelt, eingekapselt. Mein Haus
ist eine Höhle, eine Festung, eine Kapsel. Ob ich mit offenen Augen im Bett liege, am Fenster sitze oder im Haus
herumgehe, um alltägliche Verrichtungen auszuführen,
das Gefühl bleibt sich gleich. Mein neues Leben spielt
sich in mir mit mir ab.

Ich bin Spezialistin für Innenräume geworden.

Ich stelle mir vor, dass ich in meinem Körper wohne
wie in einem Haus. Zusammen mit meinen Gedanken,
die sich als Echo weiterpflanzen. Zusammen mit meinen
Schmerzen, die den Körper schon heimgesucht haben.
Und zusammen mit meinen Erfahrungen, die ich gemacht habe. In meinem Körperhaus habe ich schon viele
Räume entdeckt und bewohnt, wer weiß, wie wenige
noch bleiben. Ich muss sie neu ausmessen.

16.

Die Krähen, die auch heute Morgen wieder über dem Garten kreisen, haben die Geister der Vergangenheit geweckt.

Das erste einschneidende Schmerzerlebnis, an das ich mich erinnere, ist die Impfung gegen Kinderlähmung. Hängt die Narbe am linken Oberschenkel, die von einem Holzsplitter herrührt, mit dem Impferlebnis zusammen? Ich bin plötzlich nicht mehr sicher, die Erinnerungen vermischen sich, sie sind unzuverlässig. An die Impfung selber erinnere ich mich jedoch genau: Ich war in der ersten oder zweiten Klasse, wir mussten eines Morgens alle im ersten Stock im Gemeindehaus antreten. Im großen Saal, in welchem die Gemeindeversammlungen, Turnerabende, Theateraufführungen und Dorfmusikkonzerte stattfanden, waren Tische und Bänke in langen Reihen bis zur Bühne aufgestellt. Von der Lehrerin angewiesen, standen wir in einer Kolonne im schmalen Durchgang zwischen zwei Tischreihen an. In meiner Erinnerung tragen wir alle blaue Turnhosen und ein weißes Unterleibchen – hatte die Impfung vor oder nach einer Turnstunde stattgefunden? Ganz vorne, wo die Tischreihen vor der Bühne endeten, saß ein Arzt, neben ihm die Arztgehilfin, und verabreichte jedem Kind die Spritze in den Oberarm. Davor hatte ich höllische Angst, die wuchs, je näher ich in der Reihe zu der weißen Gruppe vorrückte. Es war nicht meine erste Spritze, denn ich wusste schon, dass zuerst der Einstich kam, der wehtat, brannte, nicht aufhörte, dass sich dann die Stelle unter der Haut auffüllte mit der Flüssigkeit aus der Spritze. Das dauerte eine Ewigkeit, wurde siedend heiß und gab einen Überdruck. Und dann tat es nochmals weh, wenn die Nadel wieder aus der Haut gezogen und das Desinfektionsmittel mit einem Gazelappen daraufgedrückt wurde. Je weniger Kinder zwischen mir und dem weißen Doktor standen, umso mehr wuchs die Angst in mir und gleichzeitig die Ohnmacht, die mich dumpf vorwärtsschob. Bis ich selber auf dem Stuhl saß, hatte ich keinen Willen mehr, war nur noch diesem ausdruckslosen, unbewegten Arztgesicht und seiner Gehilfin ausgeliefert, seinem Blick auf die Nadel, ihrem Griff um meinen Arm, seiner Hand, die die Nadel mit der aufgefüllten Spritze aufsetzte, dem Stich. Aus der Metallschale mit den getränkten Desinfektionslappen stieg mir ein ätzend penetranter Geruch in die Nase. Nach der Impfung mussten wir irgendwie ins Schulzimmer zurückgekehrt sein. Ich erinnere mich undeutlich, dass ich bis am Ende dieses Schulmorgens mein Bein kaum mehr bewegen konnte, weil mich Krämpfe lähmten. Meine Mutter musste angerufen werden, sie solle mich abholen.

Von da an kehrten die Krämpfe regelmäßig zurück, manchmal im ganzen Bein bis zum Hüftgelenk hinauf, vor Schmerzen wurde es dann steif. Wenn sie nachts kamen, und das war meistens der Fall, durfte ich zu meinen Eltern hinübergehen, ihr Schlafzimmer lag, nur durch eine Tapetentür getrennt, neben dem meinen. Im Doppelbett meiner Eltern war ich vorerst gerettet. Vor dem ungeheuren Schmerz, der mich in Wellen erfasste, wie eine Eisenzange mein Bein umklammerte und zusammendrückte, sodass ich mich krümmte. Im Graben zwischen der Vater-Matratze und der Mutter-Matratze war es nicht bequem. Der Holzrahmen drückte hart in meinen Rücken, und wenn die Matratzen ein wenig auseinanderrutschten, geriet ich in einen bedrohlichen Spalt. Aber ich war nicht mehr allein mit den Schmerzstürmen, geborgen im Elternschiff, und das half. Auf der linken Seite lag der Vater, er schnarchte und roch leicht säuerlich. Rechts lag die Mutter, kühl, unnahbar, unerreichbar. Sie war es auch, die mich, wenn ihr meine nächtlichen Besuche im Elternbett zu viel wurden, auf die Teppichvorlage vor ihrem Bett verbannte. Oder, noch schlimmer, auf die Chaiselongue mit dem schilfgrünen kratzenden Überzug am Fußende des Ehebettes. Beide waren Verbannungsorte, Straflager, Manifestationen der mütterlichen Abweisung, ihres Missfallens. Du störst meine Nachtruhe, du bist in unserem Bett nicht erwünscht, du hast keine unklaren Symptome zu produzieren.

Heute frage ich mich, ob die Lähmungserscheinungen wirklich eine Gegenreaktion auf den Impfstoff oder nicht vielleicht Wachstumsschmerzen waren, weil sich das Kind, das im Schattenhaus der Erwachsenen nicht schnell genug wachsen konnte, so sehr danach sehnte, groß zu sein, mitzuzählen, mitzureden, mitzuexistieren. Es wollte er-wachsen.

17.

Als Kind habe ich mir vieles gewünscht. Und wenn auch nicht alle Wünsche in Erfüllung gingen, wie zum Beispiel der, in den Armen meiner Mutter einzuschlafen, wenn mich nachts die Krämpfe heimsuchten, so erfüllten sich doch einige. An Weihnachten erhörte mich das Christkind mit den goldenen Engelshaaren, das jedes Jahr vom Garten über die Terrasse den Einlass in unser Esszimmer und von da ins Wohnzimmer fand, wo der Weihnachtsbaum bis an die Decke reichte und, für uns Kinder verschlossen, auf den Heiligabend wartete, bis sich die Schiebetür mit einem leisen Seufzen öffnete und seine geschmückte Pracht zeigte. Es erhörte meine Wünsche mit der Zuverlässigkeit des Postboten, der dreimal täglich die *Neue Zürcher Zeitung* und Briefe durch den Schlitz im Briefkasten an der Haustüre fallen ließ. Es legte die Geschenke, in bunt glitzerndes Geschenkpapier verpackt, unter den Weihnachtsbaum: die große Schachtel Prismalo-Farbstifte, den Häkelpilz, die Puppenkleider für meine Lieblingspuppe Rotkäppchen, die pastellfarbenen Minibrix-Bausteine aus Gummi. Sogar das dreistöckige Puppenhaus, von meinem Vater und meinen Brüdern geschreinert und komplett eingerichtet mit Puppenmöbeln, Puppenfamilie, Lampen, Türglocke und als Krönung mit einem winzigen Weihnachtsbäumchen im Puppen-

wohnzimmer, fand seinen Platz neben der reich geschmückten Weißtanne.

Dass das Wünschen half, wurde von der Realität meines behüteten Mädchendaseins immer wieder bestätigt.
Aber es hatte eine dunkle Kehrseite: das Verwünschen.
Dieses betraf Dinge, die ich nicht tun, nicht einmal denken sollte, und wenn ich es trotzdem tat, dann drohte
Schreckliches. Wenn du deine Beine aneinanderreibst
und so dein Geschlecht reizt, dann wirst du später für
die Liebe mit einem Mann nicht mehr taugen, dein Geschlecht wird ausgeleiert sein. Wenn du mit dem neuen
Velo in die Badi fährst, obwohl ich es dir verboten habe,
dann kann eintreten, wovor ich dich gewarnt habe: Es
wird dir gestohlen. Das Verwünschen war die Schatten-
seite des Wünschens. Das eine war nicht ohne das andere
zu haben. Dem Wünschen folgten die Verwünschungen
auf dem Fuß. Nur blieben sie viel länger wirksam, wie
im Märchen, mit dem Unterschied, dass es kein Zauber-
mittel dagegen gab. Es gab nur Weiß oder Schwarz, Gut
oder Böse. Kein Sowohl-als-auch, kein Nur-ein-bisschen.
Genau so hatte ich es schon mit vier oder fünf Jahren im
englischen Bilderbuch vom glücklichen Haus gelernt,
das ich wieder und wieder angeschaut hatte. Auf der
einen Seite ein glückliches Haus mit einem lachenden
Gesicht, auf der gegenüberliegenden Seite ein unglückliches Haus mit einem bösen Gesicht. Die Anleitung zum
Glücklichwerden gehörte zur moralischen Weltverbesse-
rungsbewegung nach dem Krieg, der meine Eltern anhin-
gen. Ob ich es mit meinem alten Kinderkram noch aufbewahrt habe? Ich müsste dafür auf den Dachboden
steigen.

18.

Die Gedanken stürzen auf mich ein und wollen einen Platz bekommen. Versuchshalber weise ich ihnen je eine Nische zu in meinem Kopflabyrinth. Schmerzsätze. Elternsätze. Kindersätze. Schulsätze. Lebenssätze. Alterssätze. Ich verbinde damit die Idee oder eher Hoffnung, dass ich das Durcheinander ordnen und die Gedanken, die mir zu viel sind, wegsperren kann, bis ich Zeit habe für sie. Nur die Schmerzsätze, die durch die Krähen geweckt wurden, die auch heute wieder rufen, lassen sich nicht zurückdrängen. Sie drängeln, giftеln, reklamieren.

Mein Körper lernte Schmerzen auszuhalten. Sie sind verzeichnet in den Narben von Kopf bis Fuß. Ich habe sie nie gezählt. Sind es fünf sechs sieben? Übrigens bin ich inzwischen sicher, dass die Narbe auf dem Oberschenkel, die ich zunächst mit der Schulimpfung verknüpfte, von einem anderen Ereignis herrührt, das ein paar Jahre später am gleichen Ort stattfand. Der Examenstanz. Jedes Jahr gab es zum Abschluss ein Schulfest mit Spielen und Darbietungen und, als Höhepunkt, Tanz mit Livemusik im großen Gemeindehaussaal. An solchen Anlässen war ich immer besonders unglücklich, weil ich beim Tanzen sitzen blieb, weil ich keinen Schatz hatte, der »mit mir ging«. Bei einem solchen Examenstanz streifte ich zu allem Unglück eine der ungehobelten Bänke, die herumstanden, und holte mir einen dicken Holzsplitter, der sich tief ins Fleisch hineinrammte und nicht herausziehen ließ. Alle Versuche zu Hause mit der Pinzette und der mit Jod desinfizierten Stecknadel blieben erfolglos. Der Sprießen blieb im Fleisch stecken. Er schimmerte noch jahrelang schwarz unter der Haut, als Markierung meines Nichtgenügens.

Im Winter, in dem ich auf den Skiern ausrutschte und in ein Eisloch fiel, war der Rettungshelikopter mehrmals täglich unterwegs, um Verunfallte zu bergen. Die Pisten waren vereist bis zu den Skiliftstationen hinunter, sodass die Skifahrer beim Anstehen in der Schlange umfielen und mit Beinbrüchen ins Spital eingeliefert wurden. Ich stürzte auf dem obersten Grat einer als leicht eingestuften Abfahrt, die Skier blieben in der vereisten Spur hängen und verfingen sich in einer Mulde aus blankem Eis. Ich knallte aufs rechte Hüftgelenk und blieb liegen. Plötzlich Stille. Ich fiel direkt vor die Jahrtausendstille der Gipfelkette, die, ausgeschnitten aus dem bleigrauen Himmelstuch, sich Gipfel an Gipfel vor mir auftürmte und mir das reglose Antlitz der Ewigkeit entgegenhielt. Die Kälte des Eises unter mir drückte durch den Skianzug, ich begann zu frieren. Aber ich konnte die Augen nicht mehr abwenden vom Anblick der Berge, es war, als ob ich selber ein Teil der reglosen Felsen und Schrunden würde. Die Stille umschloss mich und breitete sich als Gleichgültigkeit in mir aus. Dass das Blut langsam aus den inneren Wunden floss und im Gewebe versickerte, bemerkte ich nicht, denn auch das Blut fließt lautlos. Während ich die Augen immer noch auf die zeitlosen Berge heftete, befiel mich eine Mattigkeit, die mich immer flacher und leichter werden ließ, sodass mir schien, ich könne mich kaum mehr halten auf der Oberfläche aus Schnee und Eis, als würde ich bald abheben, mich in ein Meer aus Watte und Nebel auflösen, oder ich fiele, fiele ins Schwarze hinein.

Während des Transports im roten Helikopter der Rettungsflugwacht bekam das schwarze Loch eine Kontur. Als ich quer in den engen Schacht hinter dem Pilotensitz geschoben wurde, tauchte über mir das Gesicht des Rettungsarztes auf, der mich von Anfang an geduzt hatte, was ich überrascht und dann erleichtert registrierte: Endlich war jemand da und würde mich nicht mehr allein lassen. Der junge Arzt rief mir durch den Motorenlärm zu, ich brauche nur ein Zeichen zu machen, den Daumen nach unten zu halten, falls mir schlecht werde. Wenn ich den Kopf etwas zur Seite drehte, sah ich durch die Glasscheibe hinunter. Ich schwebte in der engen Glaskugel frei über einem großen Trichter, der sich unter meinem Blick öffnete: die bewaldeten schwarzgrün schraffierten Abhänge mit den Schneeflecken im Schatten und den hingetupften Feriensiedlungen dazwischen, unten die bräunlich grüne Talsohle mit Dörfern und Straßen im Spielzeugformat. Ich musste plötzlich an das Experiment mit dem Pingpongbällchen denken, das im Luftkegel des nach oben gerichteten Föhns tanzt. So lange, bis der Föhn abgestellt wird. Für mich gab es nur den dumpf metallenen Schmerz im rechten Bein und das braun gebrannte Gesicht des Arztes im orangeroten Overall über dem meinen, welche mich und den Helikopter in der Luft hielten. So sanken wir langsam in den Trichter hinein.

Unten auf der Skipiste blieb mein Mann mit unserer Tochter stehen, um dem Heli nachzuschauen, der über ihren Köpfen dröhnte, nicht wissend, dass ich darin zu Tal geflogen wurde, ins Bezirksspital.

In den fensterlosen Kellern der Notfallstation mit ihren endlosen Verbindungsgängen fiel ich erneut in einen diffusen Sog aus Angst und Einsamkeit.

19.

Die Sonne bescheint die tief sich duckenden Dächer der alten Häuser, sie glitzern. Wie ein Scheinwerfer wandert das Licht über das Bild und verzaubert Äste, Wiesen, Äcker und Rebberg mit einem Hauch von Schnee. Ein Raureif hat erneut meine Fensterbühne verwandelt. Schiele würde sie malen, Trakl Verse dichten, auch die Krähen sind da. Die Erinnerung an den Unfall vor über fünfundzwanzig Jahren hat andere Schmerzen aufgescheucht.

Wie Perlen reihen sie sich aneinander.

Apple schleicht durch den Raum und springt mit einem Satz auf meinen Schoß, wo er sich die weißen Pfoten schleckt und gähnt.

Für eine Schenkelhalsfraktur sei ich eigentlich viel zu jung, meinte damals der operierende Oberarzt, während der Helikopter auf dem Dach des Spitals laufend neue Unfälle zulieferte. Es war Hochsaison. Das Metallstück, das er am Knochen verschraubt habe, könne in einem Jahr entfernt werden. Er hatte fleischige, große Hände. Metzgerhände, dachte ich. Der Schnitt verlief vom Hüftknochen abwärts bis Mitte Oberschenkel, damals waren die invasiven Minimalschnitte noch Zukunftsmedizin. Die zerschnittenen Muskelfasern und Gewebe entlang der Reißverschlussnarbe spüre ich noch heute.

Ein paar Jahre vor dem Unfall waren während unserer Familienferien am Meer plötzliche diffuse Schmerzen im Hüftgelenk aufgetreten. Ich war mit dem dritten Kind schwanger, lag häufig im Liegestuhl in der wärmenden Herbstsonne, strickte Babysachen oder sah den beiden Buben zu, die wie junge Hunde am Strand herumtollten. Die Schmerzen strahlten ins Bein aus, sie weckten meine alte Angst aus der Kinderzeit. Meine Beine gelähmt. Ich würde im Rollstuhl enden, ein Krüppel. Aus der Vergessenheit erschien das bleiche, schmale Gesicht des gleichaltrigen Jungen der Primarschulzeit. Er hat Kinderlähmung, hieß es im Dorf. Das Wort wurde nur im Flüsterton weitergereicht. Still saß er im Rollstuhl und schien stets zu lächeln. Die Pulloverärmel schlotterten um die viel zu dünnen Unterarme, und auch die Beine schauten knochendünn aus den Hosenstößen hervor. In meinen Augen war er ein Aussätziger, ein Armer, ich getraute mich nie länger hinzuschauen, und doch musste ich es tun.

Alle alternativen Maßnahmen brachten nur mäßig Linderung der Schmerzen, die mich plötzlich wieder zum Kind machten, das sich bei den Eltern Schutz erhofft hatte. Und sie kränkten mich. An Krücken humpelte ich in den Gebärsaal. Die Geburt selber verlief schnell und problemlos. Als das nasse Bündel draußen war, sah ich, wie dicke Schneeflocken durch den grauen Morgenhimmel tanzten und langsam niedersanken. Es war vorbei. Auf den Sturm der bellenden, wogenden und kreischenden Wehenschmerzen folgte eine wundersame Stille. Nach der Geburt der Tochter wurde die inzwischen diagnostizierte

Gelenksentzündung ausgekratzt. Aber die latente Angst vor der Invalidität blieb meinen Knochen eingeätzt.

Jahre nach dem Skiunfall flammte sie nochmals auf, als die Rückenschmerzen begannen. Der erste Bandscheibenvorfall mit Lähmungserscheinungen führte zur langen Spitalzeit. Rückfälle, Arbeitsausfälle, Operation. Und immer wieder die Kränkung, wenn ich mitleidig gefragt wurde, wie es mir gehe, offenbar nicht gut. Dass ich hinkte, merkte ich selber nicht, warum also nahmen sich alle, nähere und fernere Bekannte, das Recht heraus, über meinen Körper zu befinden? Fragte ich sie etwa nach ihrer Migräne, nach ihrem Berufs- oder gar nach ihrem Beziehungsstress? Mein Körper gehörte mir, nur mir. Wie es mir ging, war meine ganz private Sache. Ich begann die Fragen zu hassen. Und mit ihnen hasste ich diejenigen, die fragten. Es war, wie wenn jeder und jede, in sogenannt guter Absicht, Anteil nehmend, in meinem Innersten blättern dürfte. Ich hätte ihnen das Gesicht zerkratzen, sie anschreien können. Hört auf, lasst mich in Ruhe!

Er habe noch nie ein so lädiertes Gelenk ersetzen müssen, sagte der Chirurg für Kunstgelenke und Spezialist für minimale Eingriffe. Dass ich damit überhaupt noch einen Schritt habe gehen können, sei ihm ein Rätsel. Ich hatte nach den Rückengeschichten einige Jahre Ruhe gehabt, bis sich das Hüftgelenk erneut und diesmal unmissverständlich gemeldet hatte. Die neue Narbe neben der alten Unfallnarbe ist viel kleiner, der Heilungsprozess verlief gut, und mit dem Gefühl, ein neues Leben gewonnen zu haben, verschwanden endlich die alten Ängste.

Wenn die Gedanken wie lästige Wespen im Spätsommer um meine Körperbeschwerden kreisen, um Rücken, Schulter, Knie und Auge, dann versuche ich sie zu verscheuchen. Aber ich weiß, je aufgeregter ich sie abwehre, umso beharrlicher kommen sie zurück. Und mir scheint, sie suchen sich laufend neue Stellen aus, seit ich nicht mehr arbeite. Angriffslustig durchwandern sie den Körper, erobern ihn wie Landstriche.

Wenn Älterwerden bedeutet, geduldiger zu werden, loslassen zu lernen, annehmen zu können, weiß ich nicht, ob ich dazu bereit bin.

20.

Mein Blick hängt am letzten Blatt, das die Dezembersonne noch nicht in einen Goldtaler verwandelt hat, weil sich der Morgennebel hält. Ich möchte es festhalten, zurückhalten, aufbewahren.

Das trockene Rascheln, wenn ich als Kind durch das fußhohe Laub watete oder in den knietiefen Haufen versank, die wir an freien Nachmittagen zusammenrechten. Der herbe, nussige Geruch von Blattgrün, Baumrinde, Buchecker, von feuchter Erde und Moos. In meiner Erinnerung verbindet er sich mit dem Rascheln, wie Seidenpapier, und mit dem Farbenrausch: feuerrot das Laub des Amberbaums und des Spitzahorns, nussbraun die großen Kastanienfächer, goldgelb das der Buchen und der Haselsträucher, gelb mit schwarzen Punkten das Laub der kanadischen Silberpappel.

Auch den Garten meiner Kindheit wollte ich festhalten, zurückhaben, aufbewahren, als die Villa mit dem großen Park schon längst leer stand und auf dem Papier verkauft war. Immer wieder kehrte ich zurück, fuhr durch die Dörfer talaufwärts. Ich kannte die Strecke im Schlaf, jede Kurve, jeden Bahnübergang, jedes Lichtsignal. Je näher ich dem Elternhaus kam, umso beklommener wurde mir zumute, und gleichzeitig umso aufgeregter wurde ich.

Jedes Mal. Wenn ich im Quartier über die beiden letzten Kreuzungen fuhr und der Garten vor mir auftauchte, begann mein Herz zu klopfen, die Schläfen pochten, und in meinem Kopf sirrte es. Von diesen zahllosen Fahrten ohne Grund zum Elternhaus schleppte ich ganze Waldsträuße mit nach Hause. Ich brach Zweige von den Bäumen, grub Flieder, Schösslinge der Schwarzen Himbeere und Rosenstöcke aus, schnitt Kerbel, Urefeu und was immer ich nicht vergessen wollte, wenn ich wie eine Diebin durch den Garten schlich. Obwohl ich auf dem Papier nicht mehr Eigentümerin war, gehörte das alles noch mir, fühlte ich mich noch als Besitzerin, war das mein Haus, mein Garten, mein Paradies.

Das Blatt zittert leicht im Wind, aber es hält fest am Ast. Jetzt hat die Sonne die zähe Nebelschicht aufgesogen und bringt es zum Leuchten, es dreht sich wie eine gleißende Scheibe im kahlen Geäst. Mit einem Gongschlag hat es dem Land meiner Kindheit gerufen. Auf einmal ist es da und breitet seine Geheimnisse vor mir aus.

Der Garten beginnt zu singen.

Ich war ein Gartenkind. Meine ersten Erinnerungen bringen mich zu den Plätzen zurück, wo ich gespielt habe. Oder einfach Zeit verbrachte.

Ich kauere auf dem Kiesplatz vor der Terrasse und fülle mit der kleinen Plastikschaufel Kieselsteine in die Gefäße, die ich dann für meine Puppenküche unter dem Kastanienbaum als Spaghetti weich koche. Die Morgensonne besprenkelt den Platz mit Schattenflecken, vom Spiel der Blätter mit Licht und Wind hervorgerufen.

Ich hüpfe auf den Gartenwegen aus Natursteinplatten zum vorderen *Wäldli*. Das ist eine lange Reise, der Garten erstreckt sich weit, über den gepflegten englischen Rasen mit den Rosen- und Rittersporronrondellen hinaus, am Brunnen vorbei. Nach dem Blumenparadies des Vaters, den einladenden Sitzplätzen und dem Gartenhaus beginnt der wildere, der geheimnisvolle, der etwas unheimliche Teil des Gartens. Eine fußballfeldgroße Wiese, die der Vater nicht mit dem Rasenmäher, sondern mit der Sense mäht, wird von dicht stehenden hohen Bäumen eingesäumt: Buchen, Eichen, Birken, dazwischen Stechlorbeer und anderes Gebüsch. In der Ecke des Parks stehen sie dichter zusammen und bilden ein Walddreieck. Der schmale Weg führt entlang der Wiese in einem Bogen durch das *Wäldli* und mündet vor dem Südtor mit den vier stramm stehenden Pappeln in den breiten Kiesweg, der den Park von Südwest nach Nordost durchschneidet.

Wenn ich hüpfend oder rennend in diesen Teil des Gartens geriet, warteten ganz andere Spiele auf mich als unter dem Schattendach der Kastanie oder im Fliederhaus neben dem Sommersitzplatz. Hier lauerten links und rechts Gefahren. Märchengestalten konnten jederzeit hinter einem Baum hervortreten, mich anstarren oder gar nach mir greifen. Das Rumpelstilzchen hauste auf der kleinen Lichtung zwischen den drei Buchenstämmen neben einer kleinen Sitzbank aus Stein, wo das Moos besonders weich und hochflorig war. Ich hatte das bucklige Männchen noch nie wirklich gesehen, aber manchmal war mir im Vorbeispringen, als ob es mich mit rot glühenden, stechenden Augen verfolge, und dann sprang ich noch schneller, bis ich außerhalb der Gefahrenzone war. Neben dem Rumpelstilzchen machten auch die Hexe von Hänsel und Gretel oder runzlige Waldkobolde, die mich aus knorrigen herumliegenden Aststücken anstarrten, das Waldgebiet zu einem gefährlichen Ort. Der gerade deshalb reizvoll war. Ich suchte ihn immer wieder auf, zum einen, weil ich so gern sprang und hüpfte; zum andern lockte das Unheimliche und Verwunschene dieses entlegensten Teils des Gartens. Von hier aus war das Haus erstaunlich klein und zwischen den Bäumen und Blumenstauden hindurch nur teilweise sichtbar.

Am meisten fürchtete ich mich vor dem Riesen, dessen Macht anders als die verwunschene, märchenhafte der Waldwesen eine brutale, körperliche Bedrohung war. Er verfolgte mich in meinen Träumen. Er war nackt und massig, ein Monster aus Fleischwülsten, das nichts anderes im Sinn hatte, als mich zu packen, wenn ich es nicht erwartete. In einem Traum, an den ich mich heute noch genau erinnere, hockte er nachts auf einem aus Brettern zusammengenagelten Holzthron mitten im Rasen, in der Hand schwang er eine Riesenkeule und glotzte zum dunklen Haus, in dem ich mich versteckte. Als ich mich im Esszimmer, mich in trügerischer Sicherheit wähnend, zitternd dem Fenster näherte, das zur Terrasse hinausging, um den Riesen besser im Auge behalten zu können, sah ich mit Entsetzen, dass der Holzthron leer war, und im selben Augenblick spürte ich, dass er vor mir unter dem Fenster hockte, das ich gerade einen Spalt hatte öffnen wollen, seinen Arm ausstreckte und nach mir griff. Diesen Traum träumte ich immer wieder, aber immer war es so, dass der Riese den Garten beherrschte, seine Macht jedoch im Innern des Hauses verlor. Daraus leitete ich die magische Regel ab, dass ich mich draußen nicht von ihm erwischen lassen durfte: Wenn ich es bis zehn nicht vom Gartentor bis zur Haustüre schaffe, dann schnappt er mich. Und so begann ich zu zählen, wenn ich vom Kindergarten oder später von der Schule oder vom Einkaufen im Quartierladen beim schmiedeeisernen Gartentor angelangt war. Der Steinplattenweg bis zur Treppe mit zwei Stufen, die zur schweren Eingangstüre aus dunklem Eichenholz führte, war nicht lang. Ich zählte um mein Leben, sobald ich das Gartentor aufgestoßen hatte, das ich hinter mir wieder schließen musste. Bis zum Niederdrücken der weichen Türklinke, Hineinschlüpfen und Schließen der Haustüre schaffte ich es immer ganz knapp. Wenn ich bei Neun erst auf der unteren Treppenstufe angelangt war, raste mein Herz. Er könnte mich noch an einem Bein oder Arm erwischen, und dann wäre es vorbei, dann – ich wagte gar nicht zu denken, was dann passieren würde.

Ich erzählte niemand von meinen Angstträumen. Der Riese geisterte als schwarzes Geheimnis durch meine Kindheit. Auch die magischen Regeln, die mich vor ihm bewahrten, behielt ich für mich.

Seltsamerweise erschien er nie, wenn ich im Garten spielte. Nicht einmal im wilderen Teil mit dem Wald und den dunklen Verstecken. Er lauerte mir nur in der Nähe oder fast auf der Schwelle zum Hausinnern auf.

21.

Ich lebte mit dem Garten. Ich lebte mit den Bäumen. Ich lebte mit den Jahreszeiten. Vom ersten frischen Frühlingswind, der meine nackten Knie über den handgestrickten grauen Kniesocken umspielte, bis zu den letzten goldenen Tagen im Herbst zog ich durch den Garten, in dem ich mir meine eigene Welt erfand. Im Haus regierten die Erwachsenen, Mutter, Vater, der große Bruder und die Großtante, die im Westflügel des Hauses zwei Zimmer bewohnte. In meinen luftigen Häusern, Schlössern und Sälen unter den Bäumen und Büschen bestimmte hingegen ich, wer was tat, sagte, verbot und erlaubte. Die Tannzapfen- und Kastanienkinder bedrängten mich nicht, sie waren das, wozu ich sie machte. Und mit meinen Puppen, die ich mitsamt Bettchen, Puppenwagen und Küchenkram nach draußen schleppte, spielte ich meinen Kinderalltag nach. Manchmal ließ sich der jüngere Bruder zum Mitspielen überreden. Lieber hielt er sich jedoch bei den Hühnern und im Kaninchenstall auf oder trieb sich mit den Nachbarsbuben irgendwo herum.

Wenn das letzte Laub gefallen war und auf den Gartenwegen klebte, wenn die feuchte Kälte durch alle Kleiderschichten eindrang und Hände und Füße klamm wurden, wenn die Dunkelheit schon am späten Nachmittag in den Garten einbrach, dann wurde es Winter. Dann zog ich mit meinen Spielen ins Haus um und richtete mich drinnen ein.

Die Mutter begann schon im November mit dem Backen der *Weihnachtsguetzli*. Gegen die zwanzig Sorten waren es jedes Jahr. Die gelernte Hausbeamtin ging organisiert nach einem durchdachten Zeitplan vor. Zuerst kamen die Guetzlisorten an die Reihe, die am längsten haltbar waren, die Mailänderli, Schwabenbrötli, Anisguetzli, Quittenpästli und Totenbeinli. Nach und nach kamen die buttergebackenen Sorten dazu: Sablés, Spitzbuben, Vanillebrezeli. Zimtsterne und Brunsli trockneten rasch aus. Marzipandatteln und Truffeskugeln wurden erst vor den Festtagen hergestellt.

Mit dem Abschied vom Garten und dem Beginn der Winterzeit belebte sich das Haus. Die dunklen Wohnräume wurden vom warmen Lichtschein der Lampen erhellt, die unheimlichen Schatten zurückgedrängt. Der flaschengrüne Kachelofen in der Stube strahlte eine behagliche Wärme aus, und der Guetzliduft aus der Küche durchzog das Haus mit süßer Vorfreude auf Geburtstag und Weihnachten, die zwei wichtigsten Feste des Jahres.

Das Haus meiner Kindheit war ein Winterhaus. Ich setzte mich auf die Ofenbank, ließ die Wärme der heißen Kacheln langsam in die durchfrorenen Glieder eindringen, kuschelte mich in die Ofenecke, kaute dazu von den Apfelschnitzen, die im Ofenloch zum Dörren ausgelegt waren, sog den säuerlich süßen Saft ein, fühlte mich glücklich.

Schattenastwerk mit Haselkätzchen vor wattegrauer Dämmerung. Die Vorsilbe »ein-« bleibt hängen, und schon tanzen lauter »ein«-Wörter auf den Haselzweigen vor meinem Fenster und bringen sie zum Zittern: einwintern, einlagern, einmachen, einbacken, einrichten, einrollen, einkuscheln.

Winterzeit ist Einmachzeit, ist Lagerzeit. In meinem Keller liegt nichts Eingemachtes. Während die Früchte der Nachbargärten längst eingekellert, die Kartoffeln eingelagert, die Gemüsebeete abgeräumt sind, erzittern in unserem Garten die letzten wilden Rosen im Wind.

Nun geht es ans Eingemachte. Die Redewendung kommt aus dem Nichts und trifft mich. Sie trifft auf mich zu. So fühle ich mich.

22.

Als ich größer wurde, wurde der Paradiesgarten kleiner. Ich schoss in die Höhe, wusste nicht mehr wohin mit meinen Armen und Beinen, nur da, wo die anderen Mädchen der Klasse schon etwas zu zeigen hatten, war ich flach wie ein Brett. Schlaksig, ungelenk, kurzsichtig und schief: ich war nicht begehrenswert.

Wenn der Winter kam, der Schnee auf den Straßen liegen blieb und die Schneehaufen sich vor dem Gartentor zu Mauern türmten, holten mein jüngerer Bruder und ich die Davoser Schlitten aus dem Keller und zogen zusammen mit den Nachbarskindern die Straße hinauf, die in Kurven steil anstieg bis zu einer kleinen Zigarrenfabrik, dem Start unserer Schlittenfahrten. In meiner Erinnerung waren die Winter alle weiß. Der Schnee konnte schon Ende November tagelang fallen, es schneite in großen Flocken, bis der Garten still unter einer weiten, weichen, weißen Decke lag und dicke Polster auf den kahlen Ästen und Büschen saßen. Es brauchte Mut, am Start im Steilhang loszufahren, ohne gleich zu bremsen, in vollem Tempo weiter unten die Nadelkurve zu nehmen oder sogar kurz davor die noch steilere Abkürzung den Hang hinunterzurasen, um schließlich vor der Parkmauer unseres Elternhauses die Fahrt auslaufen zu lassen. Noch mehr Mut brauchte ich, bäuchlings hinunterzuschlitteln, den Kopf nur Zentimeter über der eisglatten Schneeunterlage und ohne Möglichkeit, mit den Füßen eine Vollbremsung einzuleiten. Aber am meisten Mut brauchten die eingehängten Schlittenschlangenfahrten, bei denen wir zu dritt oder zu viert bäuchlings hinuntersausten, wobei der vorderste Fahrer seine Füße beim nächsten Schlitten einhängte, der nächste Fahrer wieder beim hinteren, bis zum letzten Schlitten. Dabei mitzumachen, getraute ich mich fast nie. Ich war nicht mutig. Ich war ängstlich. Also schlittelte ich allein die Straße hinunter und bremste, sobald die Angst im Kopf aufleuchtete, die Kontrolle zu verlieren, mit dem Schlitten umzukippen oder in die Gartenmauer hinter der Nadelkurve zu rasen.

Ich schaue aus dem Fenster in den noch schlafenden Garten hinunter. Die letzten Schatten der Nacht rieseln durch das kahle Astgewirr zu Boden.

Im dunklen Glas erblicke ich plötzlich ein weiteres Fenster. Es ist ein hohes Rundbogenfenster und gehört zu einer verglasten Loggia. Dahinter lag mein Zimmer. Ich sehe mich, wie wenn es gestern gewesen wäre, eines Nachmittags an einem dieser hohen Fenster stehen und in den Garten hinunterschauen. Vor mir der Rasen mit den Ritterspornrondellen, den Rosenbeeten, den Vogelweihern und den Inseln aus Riesenkerbel und Bambusschilf. Zur Rechten der Weg an der Magnolie und dem Gartenhaus entlang, der sich im Dunkel der Bäume verlor. Zur Linken der Weg am Brunnen vorbei, der über eine kleine Treppe hinunter zu den Hühnern, den Schafen und dem Nutzgarten führte.

Das sind die beiden Wege deiner Zukunft, dachte ich und war mir ganz sicher. Der Weg links führt in die häusliche Zukunft, mit einem Mann, Heirat, Familie. Der Weg rechts ist die intellektuelle oder künstlerische Zukunft, mit einem Studium oder einer Konzertlaufbahn, mit Beruf, Karriere. Wenn ich mich für den rechten Weg entscheide, werde ich keine Familie haben. Auf dem linken Weg werde ich keine Karriere machen. Ich wusste nicht, für welchen Weg ich mich entscheiden sollte. Aber ich dachte keinen Augenblick daran, das Entweder-Oder der Wahl zu bezweifeln.

Die Schatten der Nacht sind gewichen, die Schatten der Vergangenheit erwachen.

Mit fünfzehn Jahren zog ich von zu Hause aus, um in der Kantonshauptstadt das Lehrerinnenseminar zu besuchen. Ich bezog ein Zimmer in einem Mädchenwohnheim. Von da an war ich nur noch an den Wochenenden und in den Ferien zu Hause. Mein Radius hatte sich vergrößert, und auch der Kreis meiner Klassenkameradinnen erweiterte sich. Das Gefühl oder vielmehr die Angst, nicht dazuzugehören, blieb auch in der neuen Klasse, einer reinen Frauenklasse. Nicht zu den Schönen und Begehrten gehören, nicht von einem Kantonsschüler eingeladen werden zum Maienzug, dem großen Sommerfest der Stadt, nicht mitreden können in Liebessachen.

Die Distanz zu meinen Eltern und Brüdern bewirkte, dass ich sie nun vermissen konnte. Ich tat es nicht oft, denn ich pendelte ja hin und her mit meiner Schultasche in der einen und einer Reisetasche in der anderen Hand, lief vom Bahnhof nach Hause oder ins Wohnheim und umgekehrt. Ich nahm immer nur vorübergehend Abschied. Eigentlich war es keiner, eher eine Aufhebung oder Befreiung von der Enge der elterlichen Aufsicht. Mit dem Auszug fühlte ich mich in gewisser Weise erwachsen. Gleichzeitig machte er es unnötig, mich gegen meine Eltern aufzulehnen. Manchmal empfand ich es als Mangel, dass ich mich nicht über meine Mutter aufregen konnte. Wenn diejenigen Klassenkameradinnen, die noch zu Hause lebten, über ihre unmöglichen, strengen oder peinlichen Mütter klagten, war ich neidisch auf deren Verbote, Regelungen und Einschränkungen. Wogegen sollte ich protestieren? Ich ging ja immer wieder weg von zu Hause, um nur am Wochenende zurückzukehren. Was mich an meiner Mutter am meisten gestört hatte, ihre Fixierung auf mich, hob sich durch meinen Auszug von selber auf. Meinte ich jedenfalls. Aufgehoben, aufgeschoben.

In den Ferien, die ich zu Hause verbrachte, unternahm ich ausgedehnte Velotouren in die Nachbardörfer und lange einsame Spaziergänge. Ich wanderte auf der inzwischen nicht mehr gefragten Schlittelstraße zum nahen Berg hinauf oder quer durchs Dorf auf die andere Hügelseite des Tals, wo ich mich an warmen Sommertagen ganze Nachmittage lang an einem Waldrand niederließ, um zu lesen. Mein großer Bruder schlug mir die Romane seiner Lieblingsschriftsteller als Lektüre vor. Und so verbrachte ich Stunden um Stunden mit Hermann Hesses *Siddhartha*, dem *Steppenwolf*, dem *Glasperlenspiel* und Thomas Manns *Buddenbrooks*. Ich versetzte mich in deren unglückliche Künstlerleben hinein, versank in Tagträumen oder schaute auf mein Dorf und mein Tal hinunter, von dem ich weggehen wollte und mit dem ich dennoch so verbunden war.

Ohne Rebellion, ohne Protest, ohne Ablösung verließ ich mit neunzehn Jahren das Seminar, fühlte mich erwachsen, unabhängig und bereit fürs Leben. Ich hatte einen Beruf, ich hatte eine Stelle als Lehrerin für ein Jahr und ich hatte die Option, danach zu studieren. Zur gleichen Zeit landeten die beiden amerikanischen Astronauten Aldrin und Armstrong auf dem Mond. Die langsamen, hüpfenden Mondschritte Armstrongs im flimmernden Schwarz-Weiß-Fernseher meiner Eltern schienen mir symbolisch zu sein für meinen Einzug ins richtige Leben. Wie eine Astronautin schwebte ich ein wenig über dem Boden in meinem Freiheitsrausch.

In Wahrheit hatte ich das abgesteckte Gehege aus Familie, Villa im Park und Moral längst in mich hinein vermessen und trug es mit mir in die Welt hinaus, nach Zürich und nach Paris. Aber das merkte ich damals nicht.

Die Spiegelung im Fenster hat sich im Morgennebel aufgelöst. Lautlos ist Apple ins Zimmer gekommen. Er streicht um meine Beine, drückt sich mit seinem samtenen Fell an mich. Nachdem ich ihn am weißen Kragen genug gekrault habe, setzt er sich dicht an die Fensterscheibe und schaut reglos hinaus. Was er wohl sieht oder spürt? Was weiß ich schon von ihm? Katzen sind unabhängig und ortsgebunden. Sie hängen am Ort mehr als am Menschen.

23.

Zürich, Frühling 1970. Nach den Globus-Krawallen im Sommer 1968 war die Zürcher Studentenjugend aufgeheizt. Verschiedene revolutionäre Gruppen versuchten mithilfe eines linksextremen Studentenrats, Bewegung in die verkrusteten Universitätsstrukturen zu bringen. Es gab Sit-ins im Lichthof für mehr Mitbestimmung beim Lehrplan, für ein Mitspracherecht bei Berufungen, für eine Revision der Prüfungsordnungen. Arbeitsblätter wurden verteilt, Aktionen angekündigt.

Von politischer Meinungsbildung war ich Welten entfernt, als ich nach Zürich zog, um Romanistik zu studieren. Ich war frisch verliebt und begleitete meinen Freund, einen Zürcher Medizinstudenten, zu ein paar Hearings seiner Fakultät. Auch für das erste autonome Jugendzentrum, den Lindenhofbunker, setzte er sich mit leidenschaftlichem Eifer ein. An einem trüben Novemberabend zog er mit mir durch die dunklen Altstadtgassen zum Eingang des Bunkers. Ein Rockkonzert war angesagt, er kannte den Schlagzeuger. Viele Jugendliche standen und hockten neben und vor dem provisorischen Bretterverschlag, der zur Seite geschoben war und den Eingang in die Höhle freigab. Auf massiven Druck der Öffentlichkeit hatte die Stadtregierung den »Autonomen« eine ausgediente Tiefgarage zur Verfügung gestellt. Wir tauchten ein in ein Gewirr aus Stimmen, Musikfetzen. Rauch vernebelte die Sicht. Geruchsschwaden aus Bier, Zigaretten, Schweiß und etwas Süßlichem hüllten uns ein. Kaum Luft. Keine Sicht. Viel zu laut. Ich umklammerte die Hand meines Freundes und hielt mich dicht hinter ihm, so gut es ging. Lange Haare. Ausgetragene Jeans. Che-Guevara-T-Shirts, Miniröcke, Afrolooks. Als wir uns durch die wogenden, lachenden und schreienden Leiber bis zum Podium durchgekämpft hatten, wo die Band schon mit technisch verzerrten, schrillen Tönen die Luft und jedes Gehör zerfetzte, wurde mir übel. Noch bevor ich ein Bier in der Hand hielt. Aber ich wollte meinen Freund nicht enttäuschen, der jetzt den Schlagzeuger, seinen Schulkollegen aus der Steinerschule, mit Handschlag begrüßte und mich ihm vorstellte. Ich erinnere mich nicht mehr, wie jener Abend endete. Nur noch daran, dass er so ganz und gar nicht zu meinem kultivierten, vergeistigten Freund passte. Im Rückblick bleibt er ein schräges, unglückliches Erlebnis, dem weitere ähnliche folgten und die dazu beitrugen, dass unsere Freundschaft nach zwei Jahren zu Ende ging.

Verliebt hatte ich mich in Sebastian ein Jahr zuvor auf einer Studentenreise nach Prag, für die ich mich in meinen ersten Sommerferien als Primarlehrerin angemeldet hatte. Er fiel mir schon am Flughafen-Terminal auf, weil er wie ich etwas abseits der Gruppe, im Gegensatz zu mir jedoch unbeschwert, fröhlich und sicher auf seinem Reisegepäck saß. Es dauerte nicht lange, bis wir ins Gespräch kamen. Und von da an blieben wir die ganze

Woche zusammen. Die Verliebtheit erfasste uns wie eine Welle, auf der wir durch das düstere Prag tanzten, schwebten, schwammen. Um uns nicht ganz im Rausch der Gefühle aufzulösen, redeten wir stundenlang am Ufer der Moldau, in Cafés, in unserer Unterkunft. Redete vor allem Sebastian. Er erzählte mir mit leuchtenden Augen von der anthroposophischen Lehre Rudolf Steiners, der er anhing. Er sprach von dessen Philosophie der Freiheit, vom Pfad der Erkenntnis durch die Reinkarnation, vom Karma jedes Individuums. Seine spirituellen Anschauungen, seine Unbekümmertheit um Regeln und Vorschriften, seine fein geschnittenen Gesichtszüge mit den dunklen Augen, seine vielen Begabungen – alles an ihm war anders, exotisch und zog mich deshalb an. Die Wahrzeichen der Stadt waren für uns nicht mehr als Fußnoten unseres Glücks. Wenzelsplatz, Altstädter Ring, Jan-Hus-Denkmal, Kafka-Haus, Karlsbrücke, Alter Jüdischer Friedhof, Hradschin. Ein Jahr nach dem russischen Einmarsch in Prag war die Resignation überall spürbar und sichtbar. Wir sahen die Einschusslöcher im Nationalmuseum am Wenzelsplatz. Wir blickten in die Schaufenster mit altmodischen Kleidern in Grau und Braun. Vor einem Lebensmittelgeschäft stand eine lange Schlange von Wartenden. Als Sebastian eine Frau nach dem Anlass fragte, antwortete sie ihm, dass heute Zwetschgen angekommen seien. All dies war bedrückend. Aber wir waren zu sehr mit uns beschäftigt. Verliebt taumelten wir durch die ihrer demokratischen Hoffnungen beraubte Stadt.

In Zürich bezog ich ein Zimmer bei einer verwitweten Großtante mütterlicherseits, die in ihrem Haus an bester

Lage, mit Blick auf den See, mit Garten und kleinem Pool,
ein paar Studenten beherbergte. Von hier aus pilgerte ich
an den Abenden zu Sebastian oder schrieb ihm lange
Briefe, tagsüber besuchte ich die Vorlesungen und Pro-
seminare an der Uni. Auch bei den Geisteswissenschaft-
lern fanden Hearings statt. Die schöngeistigen Vorlesungen, die am reinsten in der Elf-Uhr-Messe von Professor
Staiger verkörpert wurden, waren zum Feindbild der
neuen Generation von Germanisten geworden. Sie for-
derten gesellschaftskritische, politisch relevante Themen
und Methoden in der Literaturwissenschaft und natürlich auch neue Berufungen. Am Rande der Veranstaltungen verteilten schlaksige Studenten in ausgebeulten Jeans
und abgewetzten Lederjacken Flugblätter, die zu Aktionen aufriefen: »Heute um 12 Uhr im Lichthof! Große
Methoden-Debatte! Wir haben genug von der bürgerlichen weltfremden Germanistik! Raus aus dem Elfenbein-
turm, rein in den Klassenkampf!« Die Anführer waren
deutsche Studenten, die meisten schon ältere Semester.
Einem von ihnen begegnete ich immer wieder in den
Literaturseminaren. Er hieß Jürgen, war blass, trug som-
mers und winters einen gestreiften Schal und eine braune
Manchesterjacke. Man munkelte, er sei schon im zwölf-
ten Semester. Jürgen war unschlagbar redegewandt und
dominierte mit seinem radikalisierten Argumentarium
über den Rest der meist schweigenden, schüchternen,
vor sich hin brütenden Kommilitoninnen, ich eingeschlossen. Ich konnte seinen Vorträgen inhaltlich kaum
folgen. Aber ich wurde wütend auf ihn, wenn er das werk-
immanente Interpretationsverfahren zerpflückte und
gegen eine gesellschaftswissenschaftliche Analyse aller

die Literatur determinierenden Faktoren ausspielte: die Wechselbeziehung von sozialem Überbau und ökonomischer Basis, die Interdependenz von Religion, Philosophie und Kunst. Es genüge nicht, ein dichterisches Werk aus sich selber heraus verstehen zu wollen. Es sei dringend notwendig, es auf seine Eignung als politisches Instrument für den Klassenkampf zu untersuchen. Für mich war Jürgen ein arroganter Schwätzer. Wie sollte das funktionieren, etwa bei Mörikes unvergänglich schönen Gedichten? »Gelassen stieg die Nacht ans Land, Lehnt träumend an der Berge Wand« ... nein, die Vollkommenheit solcher Verse durfte nicht demontiert werden. Ich entwickelte eine heftige Abneigung gegen die Forderungen, noch viel mehr aber gegen die Sprache der marxistisch politisierten Kommilitonen, allen voran gegen Jürgen. Aber eigentlich hatte ich einfach Angst vor der mitschwingenden Aggression. Und noch mehr befürchtete ich, dass mein Zugang zur Literatur, der ganz vom Angerührtsein, von der Faszination eines dichterischen Werks geprägt war, plötzlich zur Disposition stehen oder, noch schlimmer, sich als falsch erweisen könnte.

Erst später begann ich mich für andere Methoden der Interpretation zu interessieren, entdeckte ich, dass es ein ganzes Spektrum von Zugängen zu einem Werk gab, welche sein Verstehen erleichterten und bereicherten. Im Unterricht machte ich mir das zunutze und baute je nach Lektüre verschiedene werkübergreifende Aspekte der Interpretation ein. Damals jedoch mied ich jede politisch aufgeladene Kritik wie Feuer. Ich flüchtete in meine Strebsamkeit, in die Oase bei meiner Großtante sowie in meine Freundschaft zu Sebastian. Inzwischen hatte die

Verliebtheit jedoch einem alltäglicheren und immer konfliktreicheren Verhältnis Platz gemacht, in dem ich mich zunehmend eingeengt und fremd fühlte und deshalb einen Ausweg suchte.

Den fand ich zunächst im fleißigen Lernen. Ich holte das Latinum nach, belegte Übungskurse in Altfranzösisch und besuchte eine Einführung in die Linguistik. In der Musikwissenschaft entzifferte ich Mensuralnotationen mit mathematischer Akribie und arbeitete mich am Klavier durch die Harmonielehre. In den Vorlesungen schrieb ich mit, bis die Hand im Schreibkrampf erlahmte. Die Professoren, die ich auswählte – es gab keine Professorinnen –, bewunderte ich kritiklos, weil sie Wissensautoritäten waren, allen voran Professor Staiger. Jedoch entstand weder zu ihm noch zu den anderen Professoren eine wie auch immer persönlichere oder spezifischere Verbindung. Sie blieben für mich unerreichbar hinter ihrem enormen Wissen. Mit einer Ausnahme. Als ich schon längst von der Romanistik zur Germanistik gewechselt hatte, wurde Werner Weber für den Lehrstuhl Literaturkritik an die Universität Zürich berufen. In seinen Seminaren beugten wir uns gemeinsam über die Texte von Sainte-Beuve, Heinrich Heine, Jean Paul. Lesend und fragend erarbeiteten wir verlässliche Kriterien der literarischen Wertung. Werner Weber oder Wb, wie wir ihn manchmal nannten, gemäß seinem Kürzel als Feuilletonchef der NZZ vor seiner Professur, war einer von uns, nicht über uns. Er ließ uns teilhaben an seinen Gedankengängen, ebenso wie er die unseren ernst nahm. Sein empathisches Vorgehen als Literaturkritiker schloss uns Studierende mit ein und floss auf uns über.

Das Lernen und Studieren zögerte das Ende meiner ersten Liebe nur hinaus, es konnte sie nicht retten. Zu groß war meine Ablehnung seiner Weltanschauung gegenüber geworden, zu wenig vertrauensvoll sein Wesen.

Als ich mich von Sebastian trennte, war ich kein Mauerblümchen mehr. Statt der Brille trug ich inzwischen Kontaktlinsen. Ich sah attraktiver aus. Ich fühlte mich sicherer. Umworben zu werden, schmeichelte mir. Markus. Andreas. Florian. Ich flirtete, probierte aus. Und überprüfte im Innersten stets, ob es die Liebe fürs Leben werden könnte.

Denn dies blieb die große Frage. Heute kommt es mir vor, als ob ich damit geboren worden sei.

Nach meiner Vision der beiden Wege, zwischen denen ich mich entscheiden musste, war ich zwar auf dem rechten, dem Waldweg weitergegangen. Ich schloss das Studium mit Erfolg ab. Aber der innere Plan, der mich leitete, war der linke, der Gemüsegartenweg, der in eine Familie mit Mann und Kindern münden müsste.

Die Unvereinbarkeit der beiden Wege war tief in mir eingeprägt und begleitete mich weit über die Studienjahre hinaus. Sie wurde zur *idée fixe*. Sie blieb an meinen Füßen kleben und lähmte meinen schiefen Gang. Tief in mir blieb die Überzeugung, nicht gleichzeitig eine gute Berufsfrau und eine gute Mutter und Partnerin sein zu können. Nach meiner Promotion vermied ich es lange, meinen Doktortitel zu erwähnen. In meiner Hausfrauen- und Familienumgebung ließ ich den akademischen Hintergrund absichtlich beiseite. Ich machte mich kleiner.

Die Liebe traf mich wie der berühmte Blitz aus heiterem Himmel. Als ich Raoul im Haus meines Bruders, mit dem er befreundet war, zum ersten Mal begegnete, wusste ich es sofort: Das ist er. Kein anderer. Das ist der Mann deines Lebens. Die Gewissheit überraschte mich. Sie erschreckte mich. Die Jahre des Suchens, des Zweifelns und des Fragens waren auf einen Augenschlag zu Ende. Machten einer nie erfahrenen Sicherheit Platz. Wie war das möglich?

War es der handgestrickte grüne Pullover, den er trug? Oder waren es die feingliedrigen schmalen Hände? War es die abenteuerliche Bergrettungsgeschichte, die er, soeben zurückgekehrt von einer Klettertour, unaufgeregt erzählte? Oder waren es die abstehenden Ohren, die ihn beim Lachen zum Buben machten? Er war verlobt, ich steckte in einer weiteren schwierigen Loslösung von einem Freund. Aber. Trotzdem. Ich war mir sicher. Sollte ich diesem Mann noch einmal begegnen, dann.

Wir heirateten zwei Jahre später.

24.

Seit Tagen, oder sind es Wochen, stecken wir unter der Hochnebeldecke, das ist kein Wetter, das ist ein Zustand, das Wetter findet anderswo statt. An der Ostküste der USA legt der Schnee ganze Städte lahm. An der Westküste in Kalifornien führen Waldbrände zum Ausnahmezustand. Der Norden Englands wird seit Tagen von den heftigsten Regenfällen überschwemmt. Von Raoul höre ich, dass die Sonne jeden Tag scheint, bei klirrender Kälte und verschneiten Straßen. Verhältnisse wie in der Schweiz, meint er lachend, während sich vor mir eine graubraune Brühe ausbreitet. Was solls, was habe ich schon mit dem Wetter am Hut. Und doch warte ich darauf, dass es aufklart. Wie wenn das irgendwelche Glückszellen aktivieren würde.

Das Warten zieht sich zäh durch die Zeit. Ich warte auf – ich weiß nicht was. Ich warte ab, zu, auf. Alles zieht weiter, nur ich bleibe stehen. Der Gedanke steigt aus dem gefrorenen Morgengrau auf, aus dem Raureif auf Wiesen und Äckern, aus der Rauchsäule des Kamins, die in den Nebel ragt. Er fällt in mich hinein und gießt mich aus mit kaltem Blei.

Eingefroren. Abgekapselt. Erstarrt.

Das Warten lähmte mich schon als Kind. Die öde, nie endende Ruhezeit nach dem Mittagessen, die ich in meinem Zimmer verbringen musste, dauerte eine Ewigkeit. Ich musste warten, bis ... ich erlöst wurde. Meine Mutter lag nebenan auf ihrem Bett und blätterte in ihren Frauenzeitschriften, während das Leben draußen ohne mich stattfand. Ihre Aufforderung, ich solle doch einfach ein bisschen *nichts tun*, machte mich noch verzweifelter, als ich es schon war. Was für ein vernichtender, ja teuflischer Vorschlag! Sie verstieß mich damit vollends und absichtlich und ließ mich elend eingehen. Dagegen half nur ein Mittel: die Fantasie. Blieb sie aus, würde ich für immer erstarren und schließlich sterben.

Später füllte ich das Warten mit vagen Vorstellungen aus, Erwartungen. Das Gefühl des Alleinseins auf der Welt blieb jedoch das gleiche, und der Körper hatte die Haltung dazu gespeichert: er erstarrte.

Ich muss etwa acht Jahre alt gewesen sein, als wir auf dem Dachboden Dornröschen aufführten. Der Dachboden im Haus meiner Kindheit war für uns Kinder ein magischer Ort. Er erstreckte sich über die ganze Grundfläche des Hauses. Auf beiden Längsseiten, da, wo das Walmdach bis zum Boden reichte und der Raum immer enger wurde, da schliefen all die abgelegten, ausgedienten Möbelstücke vor sich hin: Schränke, ein Bett mit durchgelegener Rosshaarmatratze, Kommoden und Stühle; da stapelten sich Bildermappen und Fleckenspiegel, mit Tüchern abgedeckt; da träumten Seemannskisten, Hutschachteln und Koffer jeder Größe von früheren Abenteuern. Unter dem tragenden Dachgebälk blieb eine leere Spielfläche aus breiten Holzdielen in der Größe eines Saales, wo wir Kinder bei schlechtem Wetter Draußen-Spiele spielten, Zirkus und Theater aufführten, uns versteckten, verkleideten und im gelagerten Fundus auf beiden Seiten immer wieder neue Schätze entdeckten.

Es war die ideale Bühne für das Märchen vom Dornröschen. In der Turmszene kletterte mein jüngerer Bruder, der den Prinzen spielte, die Schaukel hoch, die in der Mitte des Raumes vom Dachgebälk herunterhing, und stand auf dem breiten Querbalken. Ein waghalsiges Kunststück. Für das Schlosspersonal holten wir die Nachbarskinder, die mit Töpfen, Pfannen und Kellen auf einer Seemannskiste herumlärmten und im entscheidenden Augenblick erstarren mussten. Im Mittelpunkt stand jedoch die Szene, in der Dornröschen wach geküsst wird. Dafür schoben wir das alte Bett in den Vordergrund und bauschten es mit weichen Kissen und Decken zu einem Märchenbett auf. Ich spielte Dornröschen.

Die Aufführung fand am schulfreien Nachmittag statt. Nebst den Nachbarkindern waren unsere Klassenkameradinnen und -kameraden eingeladen, die nun alle lärmend und lachend durch unser Treppenhaus hochstiegen, an der Türe, hinter der nochmals eine Treppe weiter in den Dachboden hinaufführte, ein Eintrittsbillett bezogen und dann auf den seitlich aufgestellten Bänken und Stühlen Platz nahmen.

Die Kussszene hat sich in meiner Erinnerung eingebrannt: Ich liege mit geschlossenen Augen auf dem Bett und warte. Ich darf nicht blinzeln, also warte ich mit zugekniffenen Augen, bis der Kuss des Prinzen mich erlöst. Das Warten in der schwarzen Finsternis und in der absoluten Stille dauert eine Ewigkeit, eine Hundert-Märchen-jahre-Ewigkeit.

Natürlich schlief ich nicht, sondern wartete hellwach und siedend heiß auf die Schritte des Prinzen, das Rascheln seiner Kleider, das sich mir nähernde Gesicht und schließlich auf die kühlen Lippen auf meinen Wangen. Das Erstarren im Warten gehörte zur Rolle, die ich mit meinem ganzen Körper spielte.

Dass ich mit den Posen des Auf-den-Prinzen-Wartens, des Vom-Prinzen-Entdecktwerdens, des Von-den-andern-Gesehenwerdens ein typisch weibliches Leben einübte, war mir damals nicht bewusst.

Zehn Jahre später sehe ich mich am Klavier sitzen und ein Impromptu von Schubert üben, Opus 90, As-Dur. Die Fenster zum Garten sind geöffnet, ein lauer Frühlings-wind streicht durch die Bäume. Die schnellen Akkord-läufe der rechten Hand perlen über die Tasten, dazu modelliert die linke Hand legato und getragen die Melodie, der Raum füllt sich mit der schwermütigen Musik, sie schwillt an, ich nehme die Lautstärke zurück, decrescendo, meine Hände spielen von selber, ich lausche auf die Melodie – und dann vergreife ich mich, stolpere über den Fingersatz, falle aus dem Rausch, der mich einen Moment vergessen ließ, dass ich am Klavier sitze und die richtigen Tasten greifen muss. Stocken, die Stelle suchen, wo ich aus dem Spiel gefallen bin, nochmals einsetzen. Ich übe die Sechzentelläufe, die ich überspielt habe, mit der rechten Hand allein, staccato, mit Synkopen, dann nochmals langsam mit der linken Hand dazu. Jetzt geht es wieder. Das As-Dur-Impromptu ist eines meiner

Lieblingsstücke. Mein Blick schweift aus dem Fenster in den Garten hinaus, und da passiert es: Ich stelle mir vor, dass mein Spiel von der Straße her gehört wird, dass ich Zuhörer habe, die stehen bleiben und am Ende applaudieren werden. Ich spiele jetzt für ein Publikum, ich erfülle die Rolle der jungen, genialen Pianistin, die bewundert wird, ich musiziere nicht mehr, ich spiele Läufe, greife Akkorde, mein Spiel wird mechanisch, die Finger sind eiskalt und steif, ich verliere mich in den Noten und weiß nicht mehr weiter.

Statt zu spielen, schaute ich mir von außen zu. Ich wartete darauf, gehört, bewundert, entdeckt zu werden.

Eingekapselt und ausgeschlossen. Was ich als Kind beim Warten aufs Leben empfand, beim Warten auf den Prinzenkuss oder auf den Konzertapplaus, dieses Gefühl zu erstarren, nicht mehr vorhanden, entfremdet zu sein von der Welt und von mir, kam immer wieder. Ganz plötzlich war es da, steingrau, kalt, geruchlos. Inmitten einer Gruppe von Menschen war es am schlimmsten. Es konnte mich während einer Schulstunde anfallen, wenn ich meine Klasse mit einem Auftrag beschäftigt und einen Moment lang nichts zu tun hatte. Dann saß ich da, schaute auf die über die Arbeit gesenkten Köpfe und sah plötzlich gleichzeitig mich selber am Lehrerpult sitzen, leicht nach vorne gebeugt, die Hände über den aufgestützten Ellbogen ans Kinn gelegt, ausgeschlossen von diesem Klassenganzen vor mir. Oder es passierte, unvermittelt, während eines Frauenabends unter Freundinnen. Wir saßen in einem Restaurant, alle redeten, lachten, erzählten von sich, von der Schule, über die Kinder, die

Kolleginnen. Unvermittelt fühlte ich mich mitten unter ihnen isoliert, spürte nichts mehr, war durch eine Wand aus Glas von den andern getrennt, die weiterlachten, gestikulierten, sich aufregten, wie wenn nichts geschehen wäre. Sie merkten nicht, dass eine Fremde unter ihnen saß.

Wenn mich dieses Allein-Gefühl abends vor dem Einschlafen packt, dann heule ich los. Es erscheint mir dann als das Unmöglichste, Ungeheuerlichste, Elendeste. Raoul schläft nebenan, ich könnte zu ihm hinübergehen, unter seine Decke schlüpfen und mich an seinen Rücken schmiegen. Aber das geht nicht, wegen mir. Er ist unerreichbar, weil das elende Allein-Gefühl so stark ist, dass neben ihm zu liegen noch viel unerträglicher wäre.

Jetzt allerdings, wo er weit weg ist und vielleicht gerade in einem Coffee-Shop sitzt und mit anderen Dozenten angeregt plaudert, jetzt fühle ich mich ihm nahe. Ich vermisse ihn. Ich fühle mich nicht allein.

25.

Vor mir wird es Morgen
im Rücken die Nacht
Ich schaue und lausche
was der Nacht, was dem Tag
gehört und dazwischen

Es hat geschneit über Nacht. Während ich im Dunkeln sitze, das zu leuchten scheint, entsteht langsam das vertraute Bild. Aus dem Schatten hebt sich das Weiß der Dächer und Wiesen ab und setzt zur Ansage an: Jetzt ist der Winter da. Nun werden auch die Haselsträucher mit den weißen Konturen sichtbar, dahinter die Apfelbäume mit den Schneepolstern, in der Ferne die weißgrauen Waldschraffuren. Das Weiß bekommt Licht vom Tag, wird weißer, kälter, klarer. Wie lange habe ich auf den Schnee gewartet? Er sinkt wie eine Erlösung in mich hinein. Ich bekomme nicht genug vom Schauen. Ich weiß nicht, ist es das Licht, die Stille oder das Einhüllende, Sanfte, das mich an diesem Winterbild verzaubert.

In meinem Arbeitszimmer reichen die Bücherregale bis zur Decke. Eine Wand ist gefüllt mit Ordnern, Sekundärliteratur, Erläuterungsreihen und didaktischen Lehrmaterialien, Lexika und Sammelbänden. Gestern beschloss ich, mit dem Wegräumen meiner Schulmaterialien anzufangen. Wie wenn ich gespürt hätte, dass Schnee in der Luft liegt, der eine Klärung in alles bringen würde. Ich holte leere Bananenschachteln vom Dachboden herunter und Einkaufstaschen aus dem Vorratsraum. In die Letzteren wollte ich die Bücher stopfen, die auf den Müll oder ins Brockenhaus kommen; in die Schachteln sollten die Vorbereitungen und Materialien verstaut werden, die ich noch nicht wegwerfen kann. Ich begann mit den Reclamheften, die ein paar Laufmeter ausmachten, kam zügig voran, durch viel Gelb, wenig Grün und Orange. Aufbewahren lohnte sich nicht, einige Bändchen zerfielen beim Blättern wie Schmetterlingsmumien. *Die Räuber* von Schiller hatte ich im Laufe der Jahre in mehreren Auflagen gebraucht, weil die Seitenzahlen mit jeder Neuauflage änderten, was mich nicht wegen des Geldes, sondern wegen meiner mit Bleistift an den Rand gekritzelten Notizen ärgerte. Ich schlug eines auf. Die Franz-Moor-Monologe hatte ich gelb markiert, die Karl-Moor-Monologe grün, mit Bleistift die Vermerke zu den entsprechenden Arbeitsblättern. Und schon tauchte aus dem Vergessen das Klassenzimmer meiner Schule auf ... Doppellektion zu den *Räubern*. An der Tafel, vorbereitet, Thema und Lernziel: Vom Aufstand der Jugend gegen die etablierte Gesellschaft. Charakterisierung von Franz und Karl Moor. Szenisches Interpretieren. Während sich die Klasse in kleine Arbeitsgruppen aufgeteilt hat, um die Aufträge vorzubereiten, die ich ihnen auf Zetteln zugewiesen habe, schaue ich auf den Park hinunter. Die Buchen und Birken, die den Rasen säumen, leuchten im letzten Herbstlaub auf. Steigen die Schülerinnen und Schüler auf die Aufgabe ein? Kann ich sie zum Lernziel führen? Werden sie durch die ungewohnte, alte Sprache Schillers hindurch etwas spüren vom Rebellengeist des einen Bruders, Karl Moor, und vom Pessimismus des andern, Franz Moor? Abschließend will ich in einer Gegenüberstellung der beiden ungleichen Brüder das idealistische und das materialistische Menschenbild im Sturm und Drang aufzeigen. Aber so weit werden wir wohl heute nicht kommen, ich packe immer zu viel Stoff in meine Lektionen. Ich schaue den jungen Frauen und Männern zu, die jetzt eifrig diskutieren, gestikulieren, Räubersätze proben, fluchen, lachen. Die Monologe des aufbrausenden Rebellen Karl machen offensichtlich mehr Spaß als die des hinterlistigen Despoten Franz. Die erste Gruppe präsentiert ihre szenische Interpretation mit einem genialen Einfall. Dicht hinter dem Räuber Karl, der die Schandtaten seiner Räubertruppe überschwänglich lobt, postieren sie eine Schattenfigur, welche ihm moralische Sätze in den Hinterkopf flüstert. Seine innere Stimme. Ich bin begeistert. Die Sprache Schillers reißt uns alle mit. Eine Sternstunde. Sie endet mit einer hitzigen Diskussion über heutige Ausbrüche der jungen Generation gegen die sture Welt der Erwachsenen, der Schule. Drogen. Kriminalität. Terrorismus.

Wie lange war das her. Vorbei. Weg damit. Aber jedes Reclamheft schien schwerer zu werden in meiner Hand, und nach einer Stunde hatte mich der Mut verlassen.

Jetzt gähnt das Regal in meinem Rücken mit Zahnlücken.

26.

Heute Morgen ist mir auf dem Weg ins Dorf, den ich täglich einmal gehe, um im Laden etwas einzukaufen, Milch, Brot oder Käse, plötzlich, ohne Grund und ohne Vorzeichen, meine Mutter begegnet. Das heißt, sie war plötzlich vor mir. Ich schloss die Augen, um sie gleich wieder zu öffnen. Meine Mutter ist vor mir hergegangen, die Einkaufstasche an beiden Griffen haltend und im zügigen Ausschreiten schwenkend. Mit erhobenem Haupt und geradem Rücken marschiert sie zielstrebig und selbstsicher dorfwärts. Der tägliche Gang ins Dorf gehört ihr, die Straße gehört ihr, die Geschäfte gehören ihr. Sie trägt ein Kostüm aus grauem Tweed mit rosé- und rostfarbenen Noppen, dazu bequeme Schuhe. Die braunen Haare sind zu einer klassischen Frisur in Wellen gelegt. Den Trenchcoat hat sie in der Garderobe gelassen, sie braucht ihn nicht an diesem sonnigen Frühlingsmorgen. Das Verrückte ist, ihr Schritt verläuft parallel zu dem meinen. Wie bei den simultanen Videosplits der besten Skifahrer in Weltcupabfahrten sehe ich meine Mutter schräg vor mir gehen und mich gleichzeitig leicht versetzt hinter ihr, ihr Schreiten ist mein Schreiten, meine Schritte verschmelzen mit ihren, wir gehen fast die gleiche Spur. Eine Welle der Zärtlichkeit erfasst mich, ich möchte meine Mutter einholen, sie berühren, ihr sagen, wie nah sie mir auf einmal ist, über dreißig Jahre nach ihrem Tod. Ich beschleunige meine Schritte. Da löst sich ihre Gestalt auf, sie zersplittert in viele Bildteilchen, die eingesogen werden von der kalten Winterluft. Aber das intensive Gefühl bleibt, genau gleich wie meine Mutter zu sein, mich gleich zu bewegen, zu fühlen, gleich einsam und dennoch zufrieden dahinzuschreiten, mit ihr das gleiche Frauenleben zu teilen.

Meine Mutter legte Wert darauf, sich gut zu kleiden. Wenn sie aus dem Haus ging, und sei es auch nur, um eben den täglichen Einkauf beim Metzger, beim Bäcker oder im Kolonialwarengeschäft zu machen, zog sie die Schürze aus, wechselte die Hauskleidung, und bevor sie das Haus verließ, blieb sie kurz vor dem goldgerahmten Spiegel am Fuß der ausladenden Treppe im Korridor stehen und prüfte mit einem Blick, ob alles saß.

Sie, die als Städterin aufgewachsen war und mit der Heirat aufs Land in eine bäurische Umgebung verpflanzt wurde, um da als Ehefrau und bald als Mutter einem großen Haus und noch größeren Garten vorzustehen, blieb in ihrer Haltung ihr ganzes Leben Städterin.

Einmal im Jahr kam die Schneiderin auf Stör zu uns, um alte Sachen auszubessern, Rock- und Hosensäume herunterzulassen, an Mutters Garderobe etwas modisch abzuändern oder um ein neues Kleid für sie zu nähen. Dafür wurden schon Wochen vorher Modezeitschriften durchgeblättert, Burda-Schnittmusterkataloge studiert, bis meine Mutter schließlich in die Stadt fuhr, um im besten Stoffgeschäft den passenden Stoff auszuwählen.

Die Schneiderin war jung, hieß Mathilde und lachte viel. Alles an ihr war klein und rund, das Gesicht, die Augen, die blonden Kringellocken an den Schläfen, die Figur, sogar das Lachen kugelte wie Perlknöpfe aus ihrem Mund. Während sie am großen Esstisch mit ihren flinken Händen Säume heftete, Knöpfe annähte oder Stoffbahnen zerschnitt, durfte ich neben ihr sitzen und zuschauen. Oder mit den Knöpfen und Fadenspulen spielen, die im ausgeklappten Nähkasten in Holzfächern eingeordnet dalagen. Die Knöpfe waren lustig, ich legte sie auf dem karierten Wachstischtuch aus und sortierte sie in wechselnden Gruppen zu Knopffamilien. Da gab es große, glänzende Uniformknöpfe, die wichtigtuerisch mit ihren eingeprägten Wappen prahlten, sie waren Generäle und Könige und stritten ständig miteinander. Die Hauptgruppe bildeten die Schönen und Reichen, eine abwechslungsreiche Schar von mittleren bis kleinen Knöpfen aus schwarzem Samt, farbigem Blumenstoff, schimmerndem Perlmutt oder gelacktem Kunststoff. Auch die Formen waren vielfältig, von den klassischen flachen Knöpfen mit zwei oder vier Löchern bis zu ovalen, gerippten, gewölbten, kugelig runden gab es alles. Besonders edel fiel ein matt schimmernder schwarzer Satinknopf in der Form einer Rose auf. Spieglein, Spieglein an der Wand, wer ist die Schönste im ganzen Land? Die Schönen waren allesamt Prinzessinnen und Königinnen, je nach Größe und Ausstattung machte ich sie zu Kindern, Müttern, Tanten oder Großmüttern. Die braunen und schwarzen Leder-, Jacken- und Mantelknöpfe hingegen, das wurden die Väter, Brüder und Cousins. Am langweiligsten fand ich die kleinen weißen und schwarzen Hemdknöpfe, sie fielen bei der Ausmusterung durch und wurden zurück ins Nähkastenfach verbannt.

Hie und da ließ sich Mathilde zum Geschichtenerzählen verleiten. Über Nadel und Faden gebeugt, erzählte sie mir die Märchen von Schneewittchen, Dornröschen, Rapunzel und Rumpelstilzchen, ohne aufzuhören, einen Hohlsaumstich hinter den nächsten zu setzen, sodass sie mit den armen Märchenheldinnen bald zu einer Figur verschmolz und ich mit Entsetzen auf ihre Hand schaute, die sich demnächst an der Nadel stechen würde.

Mit den Fadenspulen zu spielen, war ein ganz anderer Zeitvertreib. Am meisten lockten mich die matt glänzenden Seidengarne in allen Farbnuancen. Ich legte sie auf dem Tischtuch zu einer Regenbogenreihe aus, bildete Streifenmuster oder Schrägschraffuren mit den schmalen Spulen, die Farbreihen entstanden und verschwanden wie die flüchtigen Bilder im Kaleidoskop. Das faszinierte mich. Ob mich die Farben beim Ordnen der Seidengarne neben der Schneiderin stärker in den Bann zogen oder doch eher beim Spielen mit den kleinen Farbtäfelchen des schwarzen Aquarellmalkastens in Vaters Büro, kann ich heute nicht entscheiden. Sicher ist, dass mich die sinnliche Lust an Garnen und Stoffen, die ich noch heute habe, immer wieder zu Mathilde an unserem Esstisch zurückführt.

Neben ihr lag das Stecknadelkissen. Mich reizten die Stecknadeln mit den farbigen Glasköpfchen. Ich zog sie alle heraus, steckte sie in einer neuen Reihenfolge wieder ein, um gleich darauf von vorne zu beginnen. Wobei ich von Mathilde genau beobachtet wurde, da die Angst, ich könnte eine Stecknadel in den Mund nehmen und ver-

schlucken, durch viele Schauermärchen geschürt, all-
gegenwärtig war. Umso reizvoller war das Spiel. Dass die
Schneiderin nebenbei auch Kleider für meine Puppe
nähte, wenn die Zeit es zuließ, erfuhr ich erst viel später,
als ich selber Mutter einer Tochter war und die Schachtel
mit den Puppenkleidern vom Dachboden meines Elternhauses herunterholte. Da staunte ich über die komplette
Garderobe, über die ich als Fünfjährige verfügt hatte,
wenn ich mit den Puppen im Schatten der Bäume meinen
Kinderalltag nachspielte.

Später fuhr meine Mutter öfter in die Stadt, um sich im
renommiertesten Geschäft für aparte Damenmode die
Kleider zu kaufen. Als ich größer war, wurde ich in ihre
Käufe miteinbezogen. Dann fuhren wir zusammen mit
der Regionalbahn talabwärts, verbrachten Stunden im
Kleidergeschäft, während denen ich mich zwischen den
grauen, hell- und dunkelblauen, getupften, geblümten
und gewirkten Stoffmassen, die von fahrbaren Gestän-
gen herunterhingen, meist langweilte. Aber ich bewunderte meine Mutter, die sich vor den hohen, ebenfalls
fahrbaren Spiegeln drehte und wendete, mit den Ver-
käuferinnen scherzte oder über eine Neuheit fachsim-
pelte; die über die Trendfarbe Flieder, die neue A-Linie
oder den Liberty-Stil so gut Bescheid wusste, wie wenn
sie über Kochrezepte reden würde. Sie war in der fremden Umgebung eine ganz andere. Und wenn sie nach
langem Drehen, Schauen, Reden und Abwägen wieder
hinter den samtenen Vorhängen in der Kabine verschwand, um kurz darauf in einem ganz anderen Kleid
als dem vorangegangenen zu erscheinen, kam sie mir vor

wie die Königin von England. »Die Königin von England« – ich kannte ihr Bild von Titelseiten der *Schweizer Illustrierten*, auf denen es in regelmäßigen Abständen in Hochglanz leuchtete – bedeutete für mich den Inbegriff von Reichtum, Eleganz und Adel. Ganz anders war es, wenn mein Vater »Madame« zu meiner Mutter sagte. Der spöttische Ton in seiner Stimme verriet mir schon die Missstimmung zwischen den Eltern, bevor sich die Mutter voller Verachtung abwandte.

Die eigentliche Krönung und Belohnung für das stundenlange Ausharren in den plüschigen, überheizten Räumen bildete jedoch der Besuch in der nahe gelegenen Konditorei mit der Erlaubnis, zu einer Tasse heißer Schokolade zwei Stück Patisserie auswählen zu dürfen, jene köstlichen Kunstwerke aus Kuchen, Creme, Früchten, verziert mit Rahm und Schokoladesplittern.

Der Wind streicht durch die Bäume; Windorgel in den Ästen. Er lässt die Ofenklappe scheppern, zerrt am Wetterhahn, bläst durch die Ritzen. Dann ist wieder Stille. Apple wacht mit einem offenen Auge im Dunkel, das andere schläft. Unbewegt schaut es mich an. Sein Fell glänzt wie Satin in der Nacht.

27.

Wie kam meine Mutter damit zurecht, dass ich groß wurde? Mit dieser Frage bin ich heute früh erwacht. Mein Kopf hämmert. Meine Glieder sind zerschlagen. Hoffentlich werde ich nicht krank. Bald ist Weihnachten, da werden die Kinder nach Hause kommen, die ihre Mutter über die Feiertage nicht allein lassen wollen. Das Haus wird plötzlich wieder erfüllt sein von ihren Stimmen, von Geräuschen und Essensgerüchen, von Weihnachtsdüften und Musik. Ich freue mich auf sie.

Als das Nesthäkchen, das ich war, hatte Mutter mich noch ganz für sich. Und ich sie in besonderen Momenten auch. Wenn ich nach dem Abendessen auf ihren Schoß kletterte und den Kopf in ihrer Bluse barg, roch ich durch die Küchengerüche hindurch den frisch herben Duft des Kölnisch Wasser 4711. Hinter dem Zimtgeruch des Apfelauflaufs, den es zum Abendessen gegeben hatte, duftete es leise nach Lavendel und Zitrone. Der Bändel der Küchenschürze kratzte ein wenig an meinem Hals, aber der Blusenstoff war seidenweich. Mutters Gesicht war ganz nah über meinem. Wenn ich zu ihm aufblickte, sahen mich ihre graublauen Augen durch die runde Goldrandbrille liebevoll an, und in den funkelnden Brillengläsern spiegelte ich mich winzig klein. Sie beteiligte sich selten am Gespräch, sie missbilligte hitzige Debatten, sie wollte keinen Streit. Während der Vater mit dem großen Bruder laut und leidenschaftlich diskutierte oder die beiden Brüder sich in die Haare gerieten, spielte ich mit den Perlen ihres Colliers und fühlte mich sicher und geborgen, wie in einem Haus. In meiner Erinnerung bin ich bis weit ins Schulalter hinein auf ihren Schoß geklettert. Sie ließ es zu.

Ein anderer intimer Moment, in dem ich die Mutter ganz für mich hatte, war die Besichtigung ihrer Schätze. Im Elternschlafzimmer standen auf einer großen Kommode aus Nussbaumholz verschiedene Kästchen, in denen sie persönliche Dinge aufbewahrte, Schmuck, Andenken an ihre Eltern, Erinnerungsstücke. Es war eine Art Ritual: Ich fragte, ob wir ihre Schachteln, wie ich sie nannte, auspacken gehen, musste dann ein wenig betteln, bis sie mit mir zusammen nach oben ging und sich neben mich auf die Chaiselongue setzte. Zuerst öffnete sie die dunkelrote, lederne Schmuckschatulle, in der sie alten Schmuck aufbewahrte, den sie nicht trug, Erbstücke aus ihrer Familie. Ich erinnere mich an eine lange Halskette aus Granatsteinen mit einem passenden Armreif und einer großen Brosche dazu, an eine goldene Taschenuhr, die ihrem Papa gehört hatte, an die Eheringe ihrer früh verstorbenen Eltern. Am liebsten schaute ich ein silbernes Armkettchen an, an dem winzige Anhänger baumelten; da hing, neben einem Elefanten aus Elfenbein, einer Kuhglocke, alles nicht größer als der Nagel meines kleinen Fingers, ein französischer Soldat in Uniform, blau-rot bemalt, mit einem pelzbesetzten Hut. Das zweite Schatzkästchen war aus dunklem Holz und hatte ein eingelegtes Muster aus perlmuttern schimmernden und schwarzen Intarsien. Das Innere war mit einem giftgrünen, gesteppten Futtersatin ausgeschlagen. Darin lagen mehrere Paare weiße Handschuhe, die früher, so erzählte mir Mutter, zu Abendkleidern getragen worden waren. Es gab ein Paar Handschuhe aus feinstem, weichem Ziegenleder, die meiner Mutter bis über die Ellbogen reichten und mir bis unter die Achselhöhlen. Ein Paar mittellange, ebenfalls aus Ziegenleder, bedeckte meine Unterarme. Dann gab es noch ein Paar aus feiner, weißer Spitze. Die Handschuhe anziehen war nicht so einfach, die Mutter musste mir helfen, die richtigen Finger zu finden. Aber es gehörte zu unserem Ritual. Das dritte Schatzkästchen war mir das liebste. In einem sechseckigen geflochtenen Körbchen bewahrte Mutter kleine Andenken von mir auf, die ich ihr geschenkt hatte: gedrehte farbige Wollschnüre, winzige Webteppiche, selber bestickte Stoffresten, meinen ersten Zahn, die erste Haarlocke, ein kleines Brieflein, in meiner Schulschrift geschrieben: Liebes Muzelinchen. Alles im Puppenstubenformat. Die Schätze zu betrachten und wieder zurückzulegen, war der Inbegriff unserer Zweisamkeit. Ich war ihr Pünktchen, sie war mein Muzelinchen. In diesem Spiel gab es keinen Abstand zwischen uns. In dieser Verkleinerung gehörte ich ganz ihr, und sie gehörte ganz mir.

Ich war ein Heimwehkind. Schon früh wurde ich allein in die Ferien geschickt, zu Verwandten ins Zürcher Oberland, nach Basel, an den Bodensee. Ich wurde nicht dazu gedrängt. Ich wollte fortgehen. Ich verspürte den Drang nach Selbstständigkeit, Unabhängigkeit – und gleichzeitig zog mich ein unsichtbarer, aber starker Sog zurück in die Geborgenheit des mütterlichen Schoßes. Am Ferienort überkam mich das Heimweh wie eine Krankheit. Wenn es Abend wurde, wenn die Lichter angezündet und der Tisch fürs Abendessen gedeckt wurden, saß ich mit fiebrig glühendem Kopf da und musste das Weinen zurückhalten, das sich aus meinem Bauch nach oben würgte, die Augen brennen ließ und sie schließlich mit Tränen füllte. Einmal war das Abendheimweh so stark geworden, dass ich nicht mehr aufhören konnte zu schluchzen, bis die Mutter mir am Telefon versicherte, dass sie mich anderntags heimholen würden. Zwar schämte ich mich für mein Versagen, als welches ich den Abbruch empfand. Ich hatte mich nicht wie eine Große benommen, sondern war die kleine Heulliese geblieben. Aber der Wunsch, heimzukehren ins vertraute Nest, war stärker.

Als ich auszog von zu Hause, um die Mittelschule zu besuchen, um zu studieren, um eine eigene Familie zu gründen, freute sich meine Mutter. Sie hieß alles gut, was ich tat. Der einzige Einwand, den ich immer wieder von ihr hörte, war die besorgte Frage, ob es mir denn nicht zu viel werde mit allem. Sie meinte den Studienabschluss *nebst* Heiraten und Kind, die Doktorarbeit *nebst* zweiter Schwangerschaft, die Doppelrolle als Berufs- *und* Familienfrau. Wird es dir nicht zu viel? Ihre Stimme klang kleinlaut, fast so, als ob sie nicht berechtigt sei zu dieser Frage. Wieso sagte sie mir nicht, was sie dachte? Warum nahm sie sich zurück, bis sie, auch körperlich, zu einer schmalen, kleinen, früh gealterten Frau schrumpfte?

Je älter, selbstständiger und unabhängiger ich wurde, desto hilfloser, müder und auch einsamer erschien sie mir. Wenn ich später, als ich längst verheiratet war und selber Kinder hatte, ins Elternhaus zu Besuch kam, passierte mit mir eine eigenartige Verwandlung: Schon auf dem Weg wurde ich mit jedem Kilometer mehr zur Tochter, die nach den Regeln funktionierte, die immer funktioniert hatten. Einmal Tochter, immer Tochter. Einmal Mutter, immer Mutter. Wir plauderten über Belangloses, ich zeigte mich glücklich, nach Hause zurückzukehren, verwöhnt zu werden, und vermied problematische Themen und Konflikte.

Auch vor meiner Mutter spielte ich meine intellektuelle Seite herunter. Ich verschonte sie damit. Ich machte mich kleiner, als ich war. Uns beide machte ich kleiner. Warum?

Mich kleiner machen, als ich bin. Mich anpassen. Nicht auffallen. Wie gut kenne ich das Muster. Wie lange war der Blick meiner Mutter durch die dicken Brillengläser auf mich wirksam, in denen ich mich winzig klein spiegelte?

Die Erinnerung an meine Mutter zerfällt in verschiedene Bilder, die ich nicht zusammenbringe. Sie verwirren mich. Ich komme ihr nicht näher. Sie entschwindet mir, immer wieder.

28.

Die Festtage sind vorbei. Im Haus ist wieder Stille einge-
kehrt. Es hat zu schneien angefangen. Aber der Schnee
setzt kaum an. Dicke nasse Flocken wechseln mit schräg
fallendem Schneeregen ab. Es bleibt bei einer weiß-brau-
nen Winterschraffur, einem Versprechen.

Dass die Kinder über Weihnachten gekommen sind,
war schön. Schön? Ich war dankbar für den Unterbruch
meiner selbst gewählten Einsiedelei, so wie ich froh bin,
dass ich über den Jahreswechsel ins Engadin zu unseren Freunden fahren werde. Die Feiertage sind nicht zum
Alleinsein gemacht. Wir haben zusammen den Baum ge-
schmückt und wie jedes Jahr das Fondue Chinoise zubereitet, später am Abend schaltete sich Raoul per Face-
time zu, um uns wenigstens am Bildschirm zu sehen und
zu hören. Merry Christmas! Die vielen Kerzen erwärmten
und erleuchteten die Räume, es duftete nach Bienen-
wachs, Orangen und Tannennadeln, das Haus füllte sich
mit dem Lachen und den Stimmen der Jungen. Ich fühlte
mich aufgehoben im vertrauten Weihnachten, und dazu
gehörte, dass ich zu später Stunde sagte: »Hört mal, ich
muss schlafen gehen. Macht ihr nur weiter.« Ich hätte
nach den beiden ersten Worten nicht mehr weiterreden
müssen. »Hört mal ...« Sie kannten meine Eröffnung und
sprachen sie im Chor vergnügt zu Ende.

Raoul fehlt mir. Seine virtuelle Nähe am Bildschirm hat die körperliche Distanz noch verstärkt. Ich rede mir zu: In ein paar Wochen ist er wieder da.

Mein Blick schweift über die beiden Regalreihen mit den Schulordnern, die ich heute sichten und wegräumen will. Es graust mir vor dem vielen Papier. Aber die Auskehrstimmung der letzten Tage im Jahr mobilisiert meinen Willen. Und vor der Sehnsucht nach Raoul flüchte ich mich in Aktivität.

Dreißig Jahre Unterricht sind zwischen Biella-Heftern eingeklemmt, nach Autoren, Themen, Teilgebieten und Fächern eingeordnet und abgelegt. Eine Papierlawine kurz vor dem Niedergang. Ich blättere ziel- und achtlos durch einige der vor mir aufgeklappten Ordner und ziehe aus einem Sichtmäppchen ein Arbeitsblatt heraus. Das Papier ist vergilbt, an der Kursivschrift und am verdickten Buchstaben n erkenne ich meine Olivetti wieder. Am Anfang tippte ich alles noch mit der Schreibmaschine auf Matrizenpapier, die vervielfältigten Kopien rochen nach Alkohol. Dann hielt der Computer Einzug. Ich druckte und kopierte in meiner gesamten Schulzeit wohl ... Tausende, Zehntausende von Blättern? Ich stutze, beginne zu rechnen. Bei 2 Kopien pro Klasse pro Woche komme ich mit 4 Klassen auf 200 Kopien pro Woche, auf 8000 pro Schuljahr, auf 240 000 in 30 Jahren, wobei mit den Prüfungen, Dossiers, Textauszügen sicher nochmals so viele dazukamen: Das ist gigantisch. Wie viele Bäume habe ich in meinem Unterrichtsleben wohl verteilt? Irgendwo habe ich gelesen, dass aus einer großen Fichte etwas über 100 000 Blatt Papier hergestellt werden können, wobei eher die kleinen Bäume verwendet würden, die etwa 15 000 Blatt Papier abgeben. Das macht 4 große oder 27 kleine Tannen, die ohne meine Kopien nicht gefällt worden wären. Je älter ich wurde, umso mehr Papier ließ ich im Kopierraum der Schule durchrattern, lochen, heften.

Texte, Kopien, Papier. Kann man Kreativität zutexten? Texte, Kopien, Papier. Kann man an Papier ersticken?

Gegen Ende der Sommerferien suchte mich regelmäßig der gleiche Traum heim: Ich packe zu Hause meine Sachen für den Unterricht, vergesse aber immer wieder etwas und verliere so viel Zeit. Zu spät komme ich schließlich in der Schule an, haste durch die Eingangshalle zur Treppe, beide Arme beladen mit Büchern und obenauf übers Kreuz gelegt die Klassenkopien für heute. Wie ich die Treppe hochhetze, rutschen alle Blätter von mir weg, wirbeln durch die Luft, tanzen wie Schneeflocken um mich herum und sinken zu Boden. Ich bin umgeben von segelnden, tänzelnden Kopien, die jetzt wie Vögel um mich herumflattern. Nun habe ich nichts mehr in der Hand, als ich die Zimmertüre öffne, wo meine Klasse noch auf mich wartet, obwohl ich viel zu spät bin; sie könnte sich längst verstreut haben, in die Mensa, auf die Wiese, in die Mediothek. Ich habe Angst und schäme mich, weil ich mich ohne Vorbereitungen und Material nackt fühle.

Immer noch halte ich das Blatt mit meiner Olivettischrift in der Hand. Stadtimpressionen. Eine Schreibwerkstatt in sechs Schritten. Ich beginne zu lesen: »Denken und Gehen, Sinnen und Schreiben, Dichten und Laufen waren verwandt miteinander. (Robert Walser)« Darunter ein zweites Zitat von Thomas Bernhard: »Wir müssen gehen, um denken zu können, wie wir denken müssen, um gehen zu können.« Dann folgt der Auftrag, Schritt 1: »Auf einem möglichst *nicht zielgerichteten Spaziergang* gehen Sie durch das Zentrum der Stadt. Sie gehen und sinnen, das heißt, Sie haben Ihre Sinne weit geöffnet, nehmen wahr mit Augen und Ohren! Lassen Sie sich zunächst treiben, flanieren Sie. Nach einer Weile beginnen Sie Eindrücke zu sammeln: von einem Platz, einer Straße, einer Häuserwand, von einer Aussicht, von Menschen oder von etwas anderem. Notieren Sie sich auf einem Notizblock alle Eindrücke unsystematisch und unzensuriert.« Aus ersten Entwürfen, die gegenseitig besprochen und überarbeitet wurden, entstanden richtig gute Stimmungsbilder, Porträts und Kolumnen, die in einer Abschlussstunde öffentlich vorgelesen wurden. Ich staune, was ich den Schülerinnen und Schülern in meinen ersten Unterrichtsjahren zugemutet und zugetraut habe. An Bereitschaft. Ausdauer. Disziplin.

Ich blättere weiter durch die Ordner. Blättere durch mein Unterrichtsleben. Bleibe hängen an Autoren und Themen, die mir wichtig waren: Kafkas paradoxe Parabeln, Ibsens Kampf gegen die Lebenslüge, Hofmannsthals Sprachskepsis im »Chandos-Brief«, Ulla Hahns übermütige Lyrikeskapaden, de Saussures geniale Entdeckung des sprachlichen Zeichens. Mit jedem Thema ließ sich eine Türe öffnen zu einer neuen Welt, zu den Möglichkeiten unserer Sprache und unseres Denkens.

Vorbei. Aussortieren.

Ein weiteres umfangreiches Dossier bleibt in meiner Hand: »Köpfe der Aufklärung. Eine Annäherung an eine europäische Epoche«. Und schon sehe ich sie im Geist vor mir, eine meiner Lieblingsklassen. Es war die Klasse, die mich damit überrascht hatte, dass sie *Die Blechtrommel* lesen wollte. Unbedingt. Hier sollten sie einen Schriftsteller, Philosophen, Wissenschaftler der Aufklärung auswählen und recherchieren, wann und wie er gelebt, welche Leistungen er erbracht hatte und welches seine Bedeutung für die Aufklärung war. In einem Kurzvortrag hatten sie in die Rolle der Person zu schlüpfen, die sie recherchiert hatten, um sich als Leibniz, Rousseau, Diderot, Lessing oder Kant möglichst authentisch vorzustellen. Aus den Blättern steigt jener Morgen auf, als Lena sich als Diderot in bestem Französisch einführte und uns darlegte, dass er mit seiner *Encyclopédie* längst vor Wikipedia, Google und Co. ein Universalwissen zusammengetragen hatte. Theo erschien als Kant mit der antiken Taschenuhr seines Großvaters, um den berühmten minutengenauen Tagesablauf des Philosophen zu demonstrieren. Simone schlüpfte in die Rolle von Lavater und machte mit zwei Klassenkameraden ein physiognomisches Experiment, um seine Lehre anzuwenden. Manuela hielt als Pestalozzi ein Plädoyer für eine ganzheitliche Erziehung mit Kopf, Herz und Hand und dankte nebenbei seinem großen Vorbild Rousseau, der, von Philipp verkörpert, in der Klasse saß und sich über die Begegnung freute. Diese Klasse liebte die spielerischen Inszenierungen, und so gelang, was ich mir von der Unterrichtseinheit erhofft hatte: die Aufklärung als eine europaweit wirkende und Ideen und Denker verbindende Bewegung zu vermitteln.

Mit den Jahren scheine ich immer akribischer vorbereitet zu haben. Ich sichte prall gefüllte Mäppchen mit Stößen von Arbeitsblättern, Übersichten, Materialien, zusammengeschustert und abgekupfert. Alles zum Wegwerfen. Keine Erinnerung will sich dazu einstellen. Keine Sternstunde blinkt auf.

Sind die jungen Menschen dümmer oder einfach nur fauler geworden? Nein, sie kamen mir nur gleichgültiger, cooler, konsumorientierter vor, je älter ich wurde. Am Ende einer Lektion packten sie die Kopien, deren Produktion meine Abendstunden bis spät in die Nacht aufgefressen hatte, mit einer Selbstverständlichkeit ein, die mir einen Stich versetzte. Oder sie ließen die Blätter auf dem Tisch liegen, was mich wütend machte. Wie vollgefressene Maden, übersättigt von Halbwissen auf Papier, schimpfte und grollte ich ihnen hinterher. Und ich selber warf es ihnen noch zum Fraß vor, weil sie nicht mehr gewohnt waren, sich ihre geistige Nahrung selber zu suchen. Ja, ich selber hatte dazu beigetragen, indem ich sie verzogen hatte, verhätschelt und gefüttert mit meinen Papieren, mit all den mehrfarbigen Tabellen, Exposés und Anleitungen, mit Fastfood über literarische Epochen, Textsorten und Dramentheorien. Ich hatte einen immer größeren Aufwand betrieben, Texte produziert, PowerPoint-Präsentationen erstellt, Folien mit Merksätzen geschrieben. Statt wie in den ersten Jahren die Schülerinnen und Schüler selber aufschreiben zu lassen, was wichtig war an einer Epoche; statt sie selber eine Zusammenfassung strukturieren zu lassen, was den Nebeneffekt gehabt hätte, dass sie sich im korrekten Schreiben übten. Ich übernahm mit meinem Schnellfutter auch noch die Rechtschreibung für sie. Ich wurde, ohne es zu merken, zum Medium für Fernunterricht.

Rechtfertigte der große Aufwand den Ertrag?

Immer noch sitze ich vor den Schulregalen. Vom Überfliegen, Entziffern und Sichten der Blätter schmerzen meine Augen. Die Papierlawine, vor der ich mich so gefürchtet habe, ist niedergegangen. Ich habe sie ausgelöst. Stöße von Papieren, leeren Plastikhüllen liegen quer über den Boden verstreut. Die entleerten Ordner starren mich mit ihren bleckenden Klammern an. Die paar wenigen Vorbereitungen, die sich durch die Erinnerung wiederbelebt haben, habe ich aussortiert. Sie haben in einem einzigen Ordner Platz.

29.

In den ersten Jahren war ich im ehrwürdigen Lehrkörper des Gymnasiums die Junge, die Neue, die Unerfahrene. Und weiblich. Im graubraunschwarzen Unisono des männlichen Kollegiums ein farbiger Tupfer. Von den Fachkollegen, die wie solitäre Urgesteine ihre Lehrerautorität vor sich herschoben, wurde ich freundlich akzeptiert, aber nicht ernst genommen. So empfand ich es. Ich ließ mich von ihrem Wissen einschüchtern und fühlte mich permanent ungenügend. Um Hilfe oder Unterstützung zu bitten, getraute ich mich nicht. Also machte ich aus der Not eine Tugend, entwickelte zusammen mit den Klassen meinen Unterrichtsstil, meine Methoden, meine Themen, Inhalte und Ziele.

Mit der Zeit gewann ich an Selbstvertrauen, mein Doppelberuf als Lehrerin und Familienfrau brachte mir Respekt und Anerkennung ein. Die Urgesteine wanderten ab oder geisterten bis zu ihrer Pensionierung in den Schulgängen herum. Es folgten die Aufbruchsjahre, die den verkrusteten Hierarchien den Kampf ansagten. Eine Reform nach der andern rollte über die Schulen hinweg, der Frontalunterricht galt als ebenso verpönt wie der Erörterungsaufsatz. Stattdessen wurden Gruppenarbeiten, Lerntagebücher, dialogische Lernformen und individualisiertes Lernen zum ABC eines guten Unterrichts erklärt.

Das Schulzimmer wurde zur Lernlandschaft umfunktioniert und in eine kreative Spielwiese verwandelt, Arbeiten sowie Lektüren waren nun Projekte, jedes Lernziel ein Prozess, und das Motto über allem hieß: lebenslanges Lernen.

Ohne dass ich es merkte, nahmen neue Stars die Plätze der verstaubten Fossilien in der Fachschaft ein. Sie waren wieder ausschließlich männlich. Mit federnden Schritten eilten sie durch die Gänge, den Laptop unter den Arm geklemmt. Inzwischen war es nicht mehr adäquat, aus jedem Projekt eine Selbstbestimmungsübung zu machen und die Leistung durch den Prozess zu ersetzen. Die neue Schulideologie orientierte sich an der Wirtschaft. Effizienz, Erfolg, Leistung und Messbarkeit hießen die Zauberwörter, die bald nur noch als kryptische Abkürzungen auf Zielpapieren erschienen. Dann brachte die Jahrtausendwende die neuen Technologien ins Gymnasium. Ich war fasziniert, nahm an einer Weiterbildung an der Universität teil und entwickelte mit meinen Schülerinnen und Schülern voller Begeisterung klassenübergreifende digitale Projekte. Zum Beispiel einen Hypertext zu Sophokles' *Antigone* oder eine Lyrikwerkstatt, die ich zusammen mit einer Zürcher Kollegin aufbaute.

Aber habe ich mit dem Einsatz des Computers die Schülerinnen und Schüler wirklich begeistert? Ist es nicht vielmehr meine Begeisterung für die neue Technologie, an die ich mich erinnere? Aus heutiger Sicht waren das Pioniergeschichten. Inzwischen gehört der Laptop zum Schulalltag. Und mit der uneingeschränkten Erreichbarkeit, mit all den Social-Media-Plattformen haben wir ganz andere Probleme zu bewältigen, auch in der Erziehung, auch in der Bildung.

Vor zwanzig Jahren wurde die Beschleunigungsmaschine des Internets als Innovation gefeiert. Aus Bytes wurden unversehens Mega-, dann Giga- und bald Terabytes. Wissen wurde immer öfter gegoogelt, immer weniger gelernt. Konsumieren statt Erarbeiten. Quizmaster statt Langweiler. Fun statt Ernst. Durchgetaktete Lektionen statt Zeiträume zum Selberdenken, Selberschreiben, Selbererarbeiten. Belohnung statt Zensur. Smileys statt handgeschriebener Kommentare. Man müsse die Schüler in der Welt abholen, in der sie lebten, lautete die Devise.

Unter der smarten Werbe- und Hochglanzstrategie der neuen Stars am Gymnasium-Himmel wurde eine unselige Standardisierung von Stoffen, Inhalten und Jahreszielen eingeläutet, was zu einer eigentlichen Testmanie führte. »Learn for the test« lautete das neue Zukunftsmotto.

Wo konnte ich mich da noch eingliedern, anpassen mit meinem Unterricht, der von der Begeisterung für Literatur und Sprache und dem Bestreben geprägt war, etwas davon weitergeben zu können? War er antiquiert? War ich als Lehrerin längst abgeschrieben, hatte es nur noch nicht gemerkt? Waren meine langen Aufsatzkommentare, die manchmal zu inneren Gesprächen mit den Schülerinnen und Schülern anwuchsen, noch gefragt? Oder sollte ich auch den einfacheren Weg wählen und künftig meinen Kommentar als Smiley abgeben? Waren fernsehtaugliche Präsentationen und standardisierte Textsorten wichtiger als ein starker Text einer Schweigsamen oder eines Wilden, die sich öffentlich nicht so eloquent ausdrücken konnten?

Was ist in den letzten Berufsjahren mit mir passiert? Aus der ewig Jüngsten, der Schüchternen und der Unsicheren war doch eine emanzipierte und geachtete Berufsfrau geworden, die sich einbrachte, die von den Kollegen und besonders von den jüngeren Kolleginnen geschätzt wurde, weil sie als Familienfrau eine Vorbildfunktion für sie übernahm. Die sich nicht scheute, Missstände beim Namen zu nennen. Die mit einem Kollegen zusammen das Mentoratswesen an der Schule entwickelte und dafür sorgte, dass junge neue Lehrkräfte fortan von erfahrenen unterstützt und betreut wurden. Die sich schließlich als Konrektorin bewarb, im Wahlverfahren von der externen Kommission empfohlen wurde, in der schulinternen Abstimmung dann aber knapp unterlag. Noch war kein Platz frei für eine Frau in der Schulleitung.

Es ist Abend. Ich sitze wieder am Fenster und schaue in die einbrechende Nacht hinaus, in der die vertrauten Konturen nur noch dunkle Schatten sind. Aus den Haselstrauchskeletten tauchen schemenhaft Gestalten von damals auf. Einen Augenblick später werden sie von der Nacht wieder aufgesogen.

Gegen Ende war ich der vielen Reformen müde. Dass ich nur noch nach Standards und für Tests unterrichten sollte, war mir zutiefst zuwider. Ohne Engagement und ohne Leidenschaft konnte ich nicht unterrichten. Dienst nach Vorschrift war nichts für mich. Also kämpfte ich mich durch die letzten Schuljahre, jonglierte zwischen den mir aufgezwungenen und meinen eigenen Ansprüchen hin und her. Ich zog mich immer mehr auf das zurück, was mir wesentlich war: die jungen Menschen mit meinem Fach zu erreichen, sie ein Stück auf ihrem Weg zu begleiten. Aber eigentlich, denke ich jetzt, näherte ich mich mit meiner inneren Emigration meiner heutigen Situation an. Wuchs ihr Jahr für Jahr und Tag für Tag entgegen.

Das Aufräumen der letzten Tage hat mich erschöpft. Noch viel mehr als die körperliche Anstrengung haben die Erinnerungen an meine Berufsjahre an mir gezehrt. Ich bin müde.

30.

Wie ich es versprochen habe, bin ich über den Jahreswechsel ins Engadin gereist.

Martha und Jörg gehören zu unseren ältesten Freunden. Seit unsere Kinder klein waren, haben wir hier die Sportferien verbracht. Wir standen zusammen am Rand der Skipiste, um unsere Jüngsten von der Skischule abzuholen. Wir trafen uns zu Fondue- und Raclette-Abenden in ihrer oder in unserer Wohnung. Und wir feierten viele Silvester zusammen, mit Spielen und Essen und Trinken bis weit nach Mitternacht, die Tischbombe gehörte ebenso dazu wie der gemeinsame Besuch des Mitternachtsgottesdienstes in der kleinen Dorfkirche. Nach der Pensionierung sind die beiden hier oben sesshaft geworden. Sie haben die große Wohnung gekauft, die sie jahrelang im Winter gemietet hatten, und leben zurückgezogen, zufrieden mit sich und im Einklang mit den Jahreszeiten, ihr einfaches Leben.

Kaum angekommen, spüre ich, dass die alte Vertrautheit zwischen uns wieder da ist. Die Gespräche in ihrer Wohnküche, die Spaziergänge im Schnee und die Bergwelt fließen wie heilsame Medizin in mich hinein. Das Ausschreiten im Schnee, der unter den Schuhen knirscht, das Einsaugen der kalten Luft, bis sich die Nasenflügel verschließen, das Trinken der weißen Berggipfel, das Aufgehobensein in den Windungen eines Weges. Schnee, weich und sanft. Schnee, still und tief. Wie ich in die vollkommene weiße Welt hineinwandere, fühle ich mich frei und leicht. Alle dunklen Gedanken fallen ab von mir.

Als ich am Neujahrmorgen erwache, bleibe ich noch einen Moment liegen, um die Vorfreude auf ein für mich zubereitetes Frühstück auszukosten. Gleich werde ich hinuntergehen und mich zu den beiden an den gedeckten Tisch setzen. Der Duft von geröstetem Zopf erreicht mich, ein würziger, fast strenger Geruch nach Verbranntem, nach Lagerfeuer, nach Kohle. Und ... der Duft trägt mich fort, weit fort, nach Paris ins Quartier Latin, ins Haus am Boulevard Saint-Michel, in die Wohnung von Madame Lazard.

Jeden Morgen stieg ich aus meiner acht Quadratmeter großen Dachkammer im sechsten Stock hinunter in die Wohnung meiner Vermieterin, um zu duschen. Wenn ich den Schlüssel umgedreht und die Türe geöffnet hatte, schlug mir als Erstes der Duft von getoasteten Baguettes entgegen. In der Küche lagen die Krümel auf dem Boden, auf dem Tisch, auf der Küchenablage, überall. Die Mutter und die beiden Söhne verließen die Wohnung stets früh und in aller Eile. Es war still. Nur die Brotkrümel und dieser Geruch, der in der Luft hing, verrieten die Bewohner. Fünf Monate lang, während meines Pariser Semesters an der Sorbonne, stieg ich täglich hinunter, um das Bad zu benützen. Manchmal übte ich noch etwas auf dem Klavier, das im Salon stand. Außer am Wochenende. Da gehörte die Wohnung der Familie, da war ich nicht erwünscht und musste mich mit dem kalten Wasser in meiner Mansarde begnügen. Auf dem Bettrand sitzend, konnte ich bequem die Seife ergreifen, mich waschen, die Zähne putzen oder das Geschirr spülen. Plötzlich ist Paris wieder da. Ich sehe mich durch die Straßen zur Sorbonne eilen. Ich saß in den dunklen, alten Hörsälen mit den steil abgestuften Rängen und hörte den Vorlesungen der weißhaarigen Professoren zu, am Anfang ängstlich, weil ich kaum verstand, was sie dozierten. Umso erstaunter stellte ich nach ein paar Wochen fest, dass ich den Vorträgen fast mühelos folgen konnte. Wir hörten Abrisse über die französische Literaturgeschichte, vom Siècle des Lumières, vom Romantisme bis zum Réalisme und Symbolisme. Ich entdeckte die großen französischen Romanautoren Rousseau, Stendhal, Flaubert, Balzac, Zola und dann Proust. Ich schlenderte im Frühlingslicht über die Straße zum Jardin du Luxembourg hinüber und las mich auf einer Bank durch die empfohlenen Pflichtlektüren. Der Park wurde gewissermaßen die Gartenlaube meiner winzigen Mansarde. Aber las ich wirklich all die Romane, die in den Vorlesungen verhandelt wurden? *Le Rouge et le Noir* von Stendhal, *La Nouvelle Héloïse* von Rousseau, *Le père Goriot* von Balzac, *Madame Bovary* von Flaubert, *Du coté de chez Swann* von Proust? Biss ich mich durch alle durch? Ich sehe mich auf der Parkbank sitzen, den handlichen Larousse griffbereit neben mir, den ich immer wieder aufschlug, um ein Wort, eine Wendung nachzuschauen, während der voluminöse Petit Robert im Zimmer blieb. Das Lesen war anstrengend, weil ich übersetzte, Seite für Seite. Eine Fleißarbeit. Obwohl ich fortgeschritten war in meinen Französischkenntnissen, verstand ich nur der Spur nach, was ich las. Mehr blind als sehend tappte ich dem Handlungsverlauf entlang. Die Sätze blieben fremd. Fremdsprache eben.

Vor mir flanierten Pariser zu zweit oder in Grüppchen vorbei, sie ließen bunte, fröhliche Gesprächsfetzen wie Fähnchen aus Seidenpapier auffliegen, die sich im sonnengefleckten Geäst der grünenden Bäume verfingen.

Ich weiß nicht mehr, wie weit ich mit meiner Fleißarbeit gekommen war. Nur noch vage erinnere ich mich an einzelne Romaninhalte. Aber manchmal passierte es, dass ich das Übersetzen vergaß, dass ich mit- und hingerissen wurde vom Klang der Sprachmelodie, von der verschlungenen Syntax eines Autors, von der Kraft der beschriebenen Charaktere, von der Magie einer Metapher. Dann wurde ich fortgetragen von der Lektüre, tauchte ein in den öden kleinbürgerlichen Alltag der Emma Bovary oder in die Adelsgesellschaft der Swanns und der Guermantes. Die Fremdsprache war mir nicht mehr fremd, ich fühlte mich zugehörig zu den Menschen um mich herum, zugehörig zu den Namen der Straßen und Plätze, über die ich ging, zugehörig zum quirligen Treiben der Großstadt.

Wenn ich Hunger hatte, holte ich im Bistro an der Ecke Rue Soufflot / Saint-Michel einen Croque Monsieur. An den unifreien Tagen ging ich manchmal mit den Schweizer Kommilitoninnen meiner Klasse aus, zu denen auch Martha gehörte, die nach diesem Semester, nicht wie ich, dem Französischen treu blieb und Übersetzerin von französischer und nebenbei rätoromanischer Literatur wurde.

Der Duft der Baguettes wird wieder zum Duft des getoasteten Zopfs und holt mich in die Gegenwart zurück. Ich steige in die Küche hinunter und setze mich zu Martha und Jörg an den alten Schiefertisch. Als ich ihnen von meinem Geruchserlebnis erzähle, beginnt sich auch bei Martha das Erinnerungskarussell zu drehen. »Weißt du noch, als wir zu viert in dem alten Deux Chevaux nachts um drei losfuhren, um den Sonnenaufgang in der Normandie zu sehen?« Natürlich erinnere ich mich. Die beiden Franzosen aus unserem Semester, die uns minahmen, wechselten sich ab beim Fahren, sie fuhren wie die Verrückten, und trotzdem kamen wir zu spät. Die Sonne stand schon hell am Horizont, als wir über die Promenade von Honfleur bretterten. »Und erinnerst du dich noch an das *déjeuner sur l'herbe*, das M. Kessler, unser Prof für neue französische Literatur, im Jardin du Luxembourg für uns auffuhr?« Natürlich. M. Kessler – wir mussten seinen Namen unbedingt französisch aussprechen: Gessläär – war ein zu Melancholie neigender alleinstehender Lehrer, der sich regelmäßig in die Studentinnen seiner Kurse verliebte. So auch in Martha, die ein paar Jahre älter war als die meisten von uns und ihm mit ihrem ausgezeichneten Französisch und ihrem frankophilen Aussehen – lange schwarze Haare, fein geschnittene Züge, knabenhafte Figur – eine ebenbürtige Partnerin wohl nicht nur für geistreiche Gespräche über Literatur zu sein schien. Um sich die Peinlichkeit einer Avance zu ersparen, schaute sie, dass sie nie allein war mit ihm, und so saß ich auch bei dem arrangierten Picknick im Jardin du Luxembourg dabei, wo M. Kessler aus einem sündhaft teuren Feinkostgeschäft alles auftischte, was wir noch nie gegessen hatten: Gänseleber-Pâtés und Trüffelmousse-Canapés, gefüllte Lachsröllchen, Coquilles Saint-Jacques, Erdbeeren, die so groß waren wie Aprikosen, mit Kaffee- und Schokoladencreme gefüllte Eclairs, knusperfrische Baguettes, ein Sortiment der auserlesensten französischen Käse, und dazu einen gekühlten weißen Burgunder. Während wir beide, die wir hauptsächlich von Croques Monsieur, Reis und Tomaten lebten und das Geld lieber für Konzertkarten ausgaben, uns beherrschen mussten, nicht über das erotisch aufgeladene *déjeuner* herzufallen, durften wir M. Kessler keine Gelegenheit zu Anzüglichkeiten oder Annäherungsversuchen geben. – »Immerhin ist er es, der mich in Prousts Welt eingeführt hat«, werfe ich zu seinen Gunsten ein. »Allerdings! *A la recherche du temps perdu* – Combray – *Du côté de chez Swann*. Von seinem Proust-Seminar haben wir am meisten profitiert!« Marthas Augen glänzen.

31.

Ich bin wieder zurück aus dem Engadin. Auch hier hat es geschneit. Apple hat sich erst am Abend gezeigt und wollte sich zuerst nicht streicheln lassen. Er scheint beleidigt zu sein, weil ich ihn vier Tage lang allein gelassen habe. In den Bergen bin ich ruhiger geworden. Ich fühle mich erholt. Als ich gestern durch die verzauberte Winterlandschaft wieder talauswärts fuhr, die weichen Silhouetten der Hügel und Dörfer an mir vorbeizogen, erfüllte mich ein stilles Glück.

Dass ausgerechnet ein Duft meine Erinnerungen an das Pariser Semester ausgelöst hat, verwirrt mich und ist doch irgendwie naheliegend. Ich schließe die Augen. Der kleine Bahnhof von Illiers taucht vor mir auf. Ich sehe mich, die Sorbonne-Studentin, allein im Zug sitzen und hinausschauen auf die vorbeiziehenden Felder und Wälder, nur selten Gehöfte. Bereits zum zweiten Mal bin ich von Paris hergekommen, in Chartres in den Kurzzug umgestiegen, der bei jedem Dorf hält, ein paar Frauen mit Einkaufstaschen, Schulkinder, Männer mit tief ins Gesicht gezogenem *béret basque* aus- oder einsteigen lässt und dann weiterrollt. Schon beim ersten Mal habe ich gestaunt, als der Zug mitten in der weiten, flachen Ebene vor einem verlassenen Häuschen anhielt: Illiers. Erst ein paar Jahre später wurde er zu Ehren des großen Dichters in den Doppelnamen Illiers-Combray umgetauft. Im Rahmen unseres Proust-Seminars bei Professor Kessler machten wir eine Exkursion an den Entstehungsort des Romans *A la recherche du temps perdu*. Auf den Spuren von Marcel Proust, auf der Suche nach dem Geheimnis, das der Autor aus Realität und Fiktion gewoben hat. Wir besichtigten das Haus von Tante Léonie, in dem die Familie Proust gewohnt hatte; wir kauften in der Bäckerei die durch den Roman weltberühmt gewordenen *petites madeleines*, tauchten sie im Café nebenan wie Tante Léonie in den Lindenblütentee; wir wanderten zum etwas außerhalb gelegenen Haus des Onkels mit dem verwunschenen Park, dem Pré Catalan.

Diesmal bin ich die Einzige, die in Illiers aussteigt. Es ist Mai und deutlich wärmer als vor zwei Monaten. Das Licht flimmert über der Wiese, in der zwischen dem Weizen schon der Mohn blüht, das ganze Feld vor mir ist von einem rötlichen Schimmer übergossen. Ich marschiere auf dem Weg, der sich schnurgerade durch die Wiese zieht, voran in Richtung Dorf. Eigentlich weiß ich nicht genau, warum ich diesen Ort nochmals aufsuche, es ist mehr ein Sehnen und Ziehen in mir als eine bewusste Absicht. Ich ziehe die Jacke aus und gehe weiter in der fast sommerlichen Mittagshitze, den Blick nach vorne gerichtet. Plötzlich erscheint am Horizont die Kirchturmspitze von Saint-Hilaire, die in Wirklichkeit Saint-Jacques heißt. Die schlichte romanische Kirche wird von einer Baumgruppe verdeckt, nur die Spitze ist sichtbar und wird rasch größer. Da erfasst mich eine Sehnsucht, die mich schwindeln macht. Es ist, wie wenn *ich* das Kind Marcel wäre und heimkehrte. Ich erlebe *sein* Erleben, ich lüfte *sein* Geheimnis. Die Magie dieses Ortes springt auf mich über, die Sehnsucht von Proust verschmilzt mit meiner eigenen Sehnsucht, seine Erinnerungen an die Kindheit verfließen mit meinen Erinnerungen. Es ist wie ein Rausch, in den ich, weiterwandernd, gerate, die Kirchturmspitze vor mir, ich weiß nicht mehr, wer ich bin und wo ich aufhöre, dieses unglaubliche Sehnen und Fühlen füllt mich vollkommen aus, als ob ich zerspringen müsste.

Ich öffne die Augen und schaue in den verschneiten Garten hinunter, der bald vom Dunkel aufgesogen wird. Das Bild der Kirchturmspitze in der Ferne war all die Jahre wie ein vergrabener Schatz in mir versenkt. Nun ist er gehoben. Natürlich kehrte ich damals, vor über vierzig Jahren, auf dem Feldweg in Illiers-Combray nicht wirklich heim. Doch ich erlebte die gleichen Empfindungen, die für Prousts Schreiben so wichtig waren. Es war dieses Heimweh-Sehnen, in dem sich die Wehmut über die verlorene Kindheit mit dem zitternden Erwarten einer noch vagen Zukunft verband.

Meine Faszination für die Welt von Proust blieb, als ich von Paris nach Zürich zurückgekehrt war und mich andere französische Autoren in den Bann zogen, Baudelaire, Rimbaud, Apollinaire.

An unserem Hochzeitstag wurden in meinem Elternhaus zum schwarzen Kaffee *les petites madeleines* serviert. Wusste Raoul warum? Ich muss ihn fragen, wenn er wieder da ist.

32.

Die Gedanken purzeln in meinem Kopf herum. Keiner will sich setzen oder gerade stehen. Keiner ist stark genug, um eine Fahne zu hissen, auf der ein Wort winkt, ein Satz flattert, eine Bedeutung blinkt.

An einem Tag wie heute, der schon am Morgen verloren scheint, an dem ich mir selbst im Weg bin, gerate ich schnell in den Be-Finden-Modus: alles bekümmern, beseufzen, besorgen müssen.

Die Kinder haben mich in den letzten Tagen alle angerufen, um mir ein gutes neues Jahr zu wünschen. Auf ihre Frage, ob ich allein immer noch zurechtkomme, habe ich sie beruhigt. Ja, rief ich fröhlich ins Telefon, vielleicht etwas zu laut, alles ok, macht euch keine Sorgen, es geht mir gut.

Sie sind längst ausgeflogen und beschäftigt mit ihrem eigenen Leben. Die Zeiten, als ich für sie aufstehen musste, Brote streichen, bei den Aufgaben helfen, Geburtstagsfeiern ausrichten, Adventskalender basteln, Geschichten erzählen und am Krankenbett wachen, sind längst vorbei. Ein halbes Leben. Und die Zeit, in der sich die Rollen umkehren könnten und sie für ihre betagten Eltern sorgen müssten, hat noch nicht angefangen. Auch wenn sie – ihren Anrufen nach zu schließen – vielleicht nicht mehr weit weg ist.

Es ist nur so, dass sich mein altes Leben gerade aus dem Staub macht. Es schleicht sich einfach davon. Das Ansehen, das Aussehen, das Auftreten. Alles nicht mehr wichtig, nicht mehr gefragt. Die Vorsilben blättern ab wie alter Verputz. Was sehe ich, wenn ich nicht mehr aussehe? Wo trete ich hin, wenn ich nicht mehr auftrete?

Das macht mich plötzlich wütend, ich stehe abrupt auf und beschließe, in die Stadt zu fahren. Mich ablenken. Apple, der sich auf meinen Füßen ausgestreckt hat und behaglich schnurrt, springt ebenfalls auf die Beine, schüttelt sich und stolziert Richtung Küche davon.

Im Bus unterhalten sich drei Frauen angeregt. Offenbar kennen sie sich, sind vielleicht Kolleginnen. Die eine erzählt den andern beiden, dass sie unterwegs sei zu einem Weiterbildungskurs. Thema: Individuelles Lebenscoaching. Eine Einführung in natürliche Therapieformen. Sie strahlt und lacht, während sie von astrologischer Biografiearbeit, von einer neuen Heilmethode mit Klang-Wasser-Essenzen, vom Entdecken der eigenen Kraftsteine berichtet. Die beiden anderen Frauen hören zu, fragen nach. Nein, sie fahre abends wieder nach Hause, vorerst, sie wolle alles erst mal auf sich zukommen lassen, offen bleiben und spüren, was für sie stimme. Im Moment stimme es, sie merke, wie gut ihr das neue Wissen tue. Sie hat während des Erzählens nie aufgehört zu lächeln. Ihr Outfit – hellblaue Jeans, weißes Shirt, pastellfarbener Schal – stimmt zum erleuchteten Zustand, der diese Frau offenbar erfasst hat. Als die beiden andern bei der nächsten Haltestelle aussteigen, erlischt ihr Lächeln wie auf Knopfdruck, sie zieht das Handy aus ihrem Beutel, klickt und tippt.

Ungewollt bin ich Beobachterin und Belauscherin der Szene geworden. Was für ein dummes Gerede, denke ich, wie verlogen sich das Selbstfindungs- und Wohlfühlgetue anhört. Neuanfang mit Weichspülprogramm. Die Selbstgefälligkeit der Frau vor mir ärgert mich noch mehr als mein Selbstmitleid, das mich aus dem Haus getrieben hat. Mag sein, dass Frauen anfälliger sind für solche alternativen Angebote. Ich halte sie für Selbstbetrug. Nein, so möchte ich meine leere Zeit nicht auffüllen.

Zwei Stunden später kehre ich mit ein paar unnötigen Ausverkaufsstücken nach Hause zurück.

Zuschauen und Zuhören. Beobachten und Belauschen. Nicht nur nach innen, sondern auch nach außen. Ich habe meine Rolle als Regisseurin, die ich als Lehrerin manchmal gespielt habe, aufgegeben und bin in die Rolle der Zuschauerin geschlüpft. Ein bisschen habe ich mich damit wieder dem Kind angenähert, das stumm am Tisch saß und die Großen beobachtete. Jetzt beobachte ich mein bisheriges Leben. Das heißt, eigentlich sind es meine Erinnerungen, die ich beobachte. Verwundert schaue ich ihnen zu, wie sie aus dem Vergessen auftauchen und sich vor mir tummeln. Am Tag liegen sie verstreut wie einzelne Puzzleteile verschiedener Lebensbilder vor mir. Das Haus und der Garten der Kindheit. Das kleine Mädchen darin. Vater und Mutter. Die beiden Brüder. Die Freundin. Die Schulzeit. Das Studium. Paris.

Die Berufs- und Familienzeit. In der Nacht hingegen tauchen die Mutter, der Vater, der große Bruder leibhaftig auf. Sie steigen aus dem Totenreich und kommen auf mich zu, reden mit mir, ich umarme sie, sie bewegen sich, lachen, haben eine Stimme, ein Gesicht. In den Träumen fügen sich die Puzzleteile nochmals zu lebensechten Situationen zusammen oder toben sich in fantastischen, unglaublichen Geschichten aus.

Sie hinterlassen eine Spur, der ich im anbrechenden Tag hinterhertappe.

33.

Die Spur meines Vaters führt mich an einen Ort, an den ich mit Beklemmung zurückdenke.

Als aktives Mitglied der Moralischen Aufrüstung, einer Weltfriedensbewegung nach dem Krieg, saß mein Vater in den täglichen Meetings meist in der vordersten Reihe und manchmal auch auf dem Podium. Wenn wir Kinder die Eltern ins Zentrum der Bewegung hoch über dem Genfersee begleiteten, tauchten wir in eine Welt ein, die zugleich faszinierend und bedrohlich war. Wie ein düsteres Märchenschloss thronte das ehemalige Palace Hotel mit den vielen Türmchen in einer nicht minder großartigen Parkanlage, die zum See hin durch eine weit geschwungene Aussichtsterrasse abgeschlossen wurde. Das Nobelhotel mit dem Charme von verblichenem Luxus nahm uns schon im Foyer mit weichen Perserteppichen auf, über welche wir von jungen Männern in weißen Hemden oder von Frauen in pastellfarbenen Twinsets und Perlenketten zu unseren Zimmern geleitet wurden. Altmodische gusseiserne Aufzüge führten zu langen Fluren mit cremefarben gestrichenen Fluchten von Zimmertüren. Es waren Doppeltüren, was uns Kinder immer wieder anzog, denn zwischen der äußeren und der inneren Türe gab es einen Hohlraum, in dem wir uns verstecken oder einsperren lassen konnten. Da es im ganzen Hotel keine Zimmerschlüssel gab, wurde das Spiel auch nie wirklich gefährlich, aber es war aufregend, im stockdunklen Zwischenraum zu verharren, bis man es nicht mehr aushielt aus Angst zu ersticken. Ein anderes Lieblingsspiel bot sich an, wenn morgens die Zimmer gemacht wurden. Zimmermädchen oder Angestellte gab es keine in diesem Weltverbesserungsbetrieb. Alle Arbeiten wurden von übermotivierten Konferenzteilnehmern erledigt. Wenn sie die frische Bett- und Badezimmerwäsche verteilten, war es für uns Kinder ein Spaß, uns von hinten auf die Etagenwagen zu stellen und durch die endlosen Flure zu sausen.

Aber eigentlich waren die Aufenthalte im Mountain House, wie es genannt wurde, alles andere als kindgerecht. Die Tage bestanden hauptsächlich aus Reden. Reden während der stundenlangen Meetings. Reden beim Essen. Reden beim Nachmittagstee. Immerhin gab es einen Kinderhütedienst während der langen Konferenzen. Ich erinnere mich an einen Hortnachmittag, als ich etwa sechs Jahre alt und ohne meine Brüder mitgegangen war. Mit andern Kindern zusammen stand ich auf einem betonierten und mit hohem Maschendrahtzaun abgegrenzten Turnfeld im Schatten der gigantischen Hotelmauern. Die Betreuerin, eine streng aussehende Frau mit straff zurückgekämmter Duttfrisur, redete in Englisch, Französisch und Hochdeutsch auf uns ein, denn wir waren international wie das Begegnungszentrum auch. Nur ich verstand kein Wort, drückte mich an den Zaun und schaute zu. Die Tränen klumpten sich in meinem Bauch zu einem glühenden Brocken zusammen, der nun über die Brust in den Hals und weiter hoch stieg, schon füllten sich die Augen mit Wasser ... Ich will weg hier, ich will zu meiner Mutter, jetzt, ich will nicht mit dieser fremden Frau bei diesen fremden Kindern an diesem fremden Ort sein. Als ich mich dann doch in einer Zweierreihe einordnen musste und die Frau uns aus dem vergitterten Gehege hinaus an die Sonne führte, um mit uns einen Frühlingsspaziergang zu machen, trieb mich das Heimweh nach meiner Mutter einfach fort, ich ließ mich zurückfallen und rannte weg, schluchzend und laut nach meiner Mutter rufend. Ich war überzeugt, dass ich sie verloren hatte, für immer. Dass ich das Chalet fand, eine Dependance, in der wir ausnahmsweise untergebracht waren, und darin tatsächlich meine Mutter, die mit einer Migräne im verdunkelten Zimmer auf dem Bett lag, grenzte an ein Wunder. Ich warf mich in ihre Arme und schluchzte, dass ich nie mehr in die Kindergruppe gehen würde, nie mehr.

Es mag sein, dass wir nur wenige Male mit den Eltern da oben waren, ich weiß es nicht mehr. Häufiger kam es vor, dass sie uns bei einer befreundeten Familie unterbrachten und allein zu einer Konferenz fuhren. Die Freunde unserer Eltern waren ebenfalls Mitglieder der Bewegung. Einmal sollten wir während eines solchen Aufenthalts ein Kindertheater einstudieren, das die Botschaft einer glücklichen Familie darstellte. In den improvisierten Familienszenen bekam ich, wie konnte es anders sein, die Rolle des lieben Kindes, während mein jüngerer Bruder den unartigen Störenfried spielte. Wir spielten nach, was wir von klein auf aus dem Bilderbuch *Happy Families* kannten.

Trotz der düsteren Erinnerungen bleibt das Bild meines Vaters, wie er in weißem Hemd und dunkelgrauer Flanellhose mit locker übereinandergeschlagenen Beinen im Meeting saß, die blauschwarz glänzenden Haare glatt nach hinten gekämmt, und mit aufmerksamem, frisch rasiertem Gesicht dem Redner auf dem Podium lauschte, das Bild des gütigen, liebevollen, von mir geliebten Vaters. Die Meetings waren endlos. Sie fanden in der prunkvollen Halle statt, die in der Vergangenheit des Palace Hotels als Aufenthaltsraum gedient haben musste. Große Bogen markierten die Durchgänge zur Lobby und zu den Aufzügen. Ein halbrunder Erker mit hohen Fenstern weitete den Raum zum See hin aus. Die Wand gegenüber wurde bei Bedarf zurückgeschoben und gab einen Kino- und Theatersaal frei. Die Aufmerksamkeit richtete sich jedoch von selbst auf das große, mit rotem Teppichflor belegte Podium vor einem imposanten Kamin in der Mitte der Halle. Dort warteten ein paar Hotelsessel auf die besonders illustren Gäste, auf die Redner an den Meetings, möglicherweise den Vorstand der Bewegung. Alles erschien mir von der großen Weltwichtigkeit gedämpft, schwer und samten, vom Mobiliar bis zu den Menschen. Während ich von den langen, monotonen Reden in fremden Sprachen nichts verstand, fanden meine Augen genug Abwechslung an den farbigen Gewändern der afrikanischen, indischen oder arabischen Gäste. Da traten Männer mit schwarzer Haut in safrangelben, mit Blumen und Streifen verzierten Tunikas auf das Podium; Inder in weißen langen Hemden, unter denen enzianblaue Pluderhosen hervorlugten; kurz geschorene tibetanische Mönche in leuchtend orangen

Gewändern saßen in den Reihen – ich konnte mich nicht sattsehen an den Farben und Stoffen.

Die größte Attraktion der Meetings waren jedoch die kleinen schwarzen Dolmetschergeräte, die man sich für die Konferenzen ausleihen durfte. An den quadratischen Bakelitkästchen gab es zwei Drehknöpfe, mit dem einen ließ sich das Gerät an- und abstellen, mit dem andern konnte man die gewünschte Sprache für die Übersetzung einstellen. Ich glaube, für Deutsch war es die Zwei. Sobald ich die schwarzen Kopfhörer, die wie die Ohren der Minnie-Maus-Figur von Disney aussahen, über meinen Kopf gezogen hatte, begann eine Frauen- oder eine Männerstimme zu reden. Wenn der Redner auf dem Podium ein Mann war, war es eine männliche, wenn eine Frau redete, eine weibliche Stimme. Sie übersetzte simultan, was bedeutete, dass sie immer wieder Pausen machte, um dann mit einer schleppend verzögerten Stimme das Gehörte zu übersetzen. Das ergab einen ganz eigenen Singsang, ein Satz-für-Satz-Nachreden, jeder Satz wurde gleich betont. Ich war ganz vernarrt in die Dolmetscherstimmen. Lange glaubte ich, dass die Dolmetscher im schwarzen Gehäuse drin sein müssten. Später, als ich größer war, wusste ich natürlich, dass sie in Dolmetscherkabinen saßen, die hinter den Rundbogen lagen und mit kleinen Fenstern zum Saal ausgestattet waren. Kann man sich in Stimmen verlieben? In meinem Fall war es der zögernde, schleppende Sprechgesang, dem ich verfallen war, dieser Wechsel von Anhalten, Zuhören und retardiertem melodischem Sprechen. Mein Berufswunsch war klar: Ich wollte Dolmetscherin werden.

Noch immer sitzt mein Vater in der vordersten Reihe auf dem geschwungenen, weich gepolsterten Hotelsessel, mit seinem offenen Gesicht aufmerksam lauschend. Er geht nicht weg. Ich bringe das leuchtende Bild nicht aus den Augen, nicht aus dem Sinn.

34.

Die Werte der moralischen Bewegung wurden mir mit
der Sprache eingeflößt. Die Übermittler waren allesamt
liebe, offene, nette Erwachsene, die sich mir mütterlich
oder väterlich zuwandten, obwohl sie mich gar nicht
kannten. Es war ein Geist des Guten, von dem alles und
alle durchdrungen waren. Das betraf besonders die Full-
timer, diejenigen, die ihr Leben ganz in den Dienst der
Bewegung gestellt hatten. Alle strahlten immerzu, und
wenn sie ernst aussahen, dann nur bis zum Moment, in
dem sie von ihrer Bekehrung erzählten. Ihre Gesichter
waren von Hilfsbereitschaft und Eifer durchdrungen,
einem schülerhaften Eifer. Wir schaffen das, wir haben
etwas Großes vor, wir sind dabei, die Welt zu verändern,
weil wir uns selber ändern. Das Credo lautete, bei sich anfangen, sich bei jemandem entschuldigen für etwas, was
man ihm zu Unrecht angetan oder angedacht hat: *Es tut
mir leid.* Ich habe dir nicht die Wahrheit gesagt gestern;
ich dachte schlecht von dir; ich habe etwas genommen,
was du hättest bekommen sollen. Der Bußgang zum andern, die Entschuldigung, war der Schlüssel zum Eintritt
in eine neue Welt, in der alles gut würde.

Wie vertraut mir all diese Sätze noch heute sind.

Nicht mit der Muttermilch, mit Vaters Sätzen wurde
mir die moralische Sprache eingeflößt. »Ich hatte heute

früh die Idee, dass ...«, konnte er am Frühstückstisch sagen. Oder: »Ich habe Führung genommen, Gott hat mir gesagt, ich solle heute dies und das tun ...« Oder: »Ich habe gemerkt, dass ich etwas ändern muss bei mir ...« Wenn ich mich ändere, kann sich die Welt ändern. Wenn ich ehrlich bin, kann die Welt ehrlich werden. Wenn ich nicht so selbstsüchtig bin, wird es auch die Welt nicht mehr sein. – Ein Direktanschluss von mir zur ganzen Welt.

Um zu vernehmen, was Gott mit uns vorhatte, setzten wir uns jeden Sonntag zur *Stillen Zeit* ins Wohnzimmer, alle mit einem Notizbüchlein auf den Knien. Ich lauschte – und hörte nichts. Warum sprach Gott nicht zu mir? Es gab nur eine mögliche Antwort für das liebe Kind: weil in seinem Innern das Böse regiert. Das ließ mich verzweifeln. Während der jüngere meiner beiden Brüder mit seinem Bleistift unbekümmert in den Löchern des Joncgeflechts seines Sessels herumstocherte oder ein Dinky-Toys-Auto auf der Stuhllehne hin und her manövrierte, versuchte ich angestrengt, etwas zu finden in meinem Mädchenleben, was ich ändern könnte. Ich hatte den Maßstab der *Vier Absoluten* verinnerlicht: absolute Ehrlichkeit, absolute Selbstlosigkeit, absolute Reinheit, absolute Liebe. Sie ragten in meiner Kindervorstellung als vier dicke große Pfähle am Seeufer aus dem Wasser, trugen aber keinen Steg. Die absolute Liebe war am wenigsten fassbar. Woran konnte ich sie messen? Was war Liebe? Ich wusste es nicht. Die absolute Reinheit war der schlimmste Maßstab von allen, denn schon der Gedanke, aufzuschreiben und dann vor den andern vorzutragen, wie mich meine ersten sexuellen Regungen beschäftigten, trieb mir die Schamröte ins Gesicht. Um dies zu verhindern, befasste ich mich lieber mit den andern beiden Maßstäben, absolute Ehrlichkeit und absolute Selbstlosigkeit, die einfacher an die vergangene Woche anzulegen waren. Hier fand ich fast immer ein kleines Vergehen, für das ich mich entschuldigen und Änderung versprechen konnte. Ich hatte beim Abtrocknen pressiert, weil ich egoistisch nur an meine Freizeit dachte, statt selbstlos gerne zu helfen. Oder ich hatte der Mutter ein Stücklein schwarze Cremant-Schokolade aus der Küchenschublade stibitzt.

Aufgewachsen im Vaterland, moralisch erzogen mit der Vatersprache. Habe ich überhaupt eine Muttersprache? Ist es eine im Exil? Hat meine Mutter nicht immer wieder betont, dass sie als Vollwaise aus der Stadt zu ihrem Mann aufs Land gezogen sei und sich da ganz allein habe zurechtfinden, ganz von vorne habe anfangen müssen? Die Sprache der Mutter hörten wir nur, wenn sie mit ihrer Jugendfreundin telefonierte, die in ihrer gemeinsamen Stadt geblieben war. Wir amüsierten uns, wie sich Mutter am Telefon von einem Augenblick zum andern verwandeln konnte. Hingegen habe ich keine einzige Erinnerung daran, dass sie uns einmal mitgenommen hätte, um uns ihre Heimat zu zeigen, das Rosenbergquartier, das Haus, in dem sie aufgewachsen war. Mitgebracht aufs Land hatte sie lediglich ein paar wenige Geschichten über ihre Eltern, die sie gerne erzählte.

Heute schäme ich mich, dass wir uns als Kinder über ihren Ostschweizer Dialekt lustig machten. Heute würde ich zu gerne ihrer Stimme zuhören, die in ihrer Muttersprache ein paar Nuancen heller und fröhlicher klang.

35.

Während des Dasitzens und Wartens tritt das vertraute Bild langsam aus dem Dunkel, fügt sich zusammen: Haselstaudengerippe vor Baumgewirr in den weißen Gärten, die geduckten Dächer, der Weinberg, der bewaldete Hügelzug mit der weißen Zunge am unteren Rand und darüber der watteweiche Himmel. Der Schnee hängt nass und klumpig in den Sträuchern.

Es ist, als ob ich in den letzten Tagen in einem Fotoalbum geblättert hätte, das es nicht gibt. Mit dem Bild meines Vaters auf der ersten Seite, das mich nicht loslässt. Die Erinnerungen an meine moralische Erziehung haben meine Ohren und meine Poren verstopft und sich im ganzen Haus eingenistet. Ich möchte sie abschütteln.

Es ist gut, wenn Raoul bald zurückkehrt. Unsere kurzen Telefongespräche sind immer unzeitlich, entweder brechen sie in meine oder in seine Nacht hinein. Zwischen seiner vertrauten Stimme und meinem Ohr liegt der Atlantik, ich höre ihn rauschen in den langen Pausen. Und dann, was kann ich ihm schon erzählen? Meine fragmentarischen Tagesprotokolle geben nichts her, sie tauchen ab im schwarzen Wasser, das zwischen uns liegt. Viel schlimmer sind jedoch seine knappen Berichte, die mich trotz des Rauschens und Knackens in der Leitung erreichen, aber nichts mit mir, nichts mit uns zu tun haben. Ich komme in seinem Leben dort nicht vor. Wenn er mir von seinem Kurs erzählt, von den Sehenswürdigkeiten der Stadt oder von der Einladung bei einem amerikanischen Kollegen, merke ich, dass es fremde Geschichten sind. Ich versuche, die Nähe der Stimme, ihr Liebkosen, ihre Zärtlichkeit aus dem Inhalt seiner Worte herauszufiltern. Seine Stimme ist das Einzige, woran ich mich halten kann. Nach solchen Telefonaten empfinde ich nur Leere. Anfangs haben wir es mit Telefonieren am Bildschirm versucht, aber schnell festgestellt, dass wir es beide nicht mögen. Den andern als platt gedrücktes Bild zu sehen, macht die Distanz noch unerträglicher.

Trotzdem steige ich auf den Dachboden. Apple ist mir gefolgt. Er hockt am Fuß der Auszugstreppe und schaut mit gespitzten Ohren zu mir hoch. Ich kehre um und streichle ihn, streichle ihn nochmals. Dann suche ich oben in den Kisten, in denen ich nach der Räumung meines Elternhauses wenige Dinge aus meiner Kinderzeit verstaut habe, nun doch nach dem englischen Kinderbuch von der glücklichen Familie. In der letzten Kiste finde ich es, zwischen alten Aufsatzheften, Briefmarkenalben und einem blassgelben Couvert mit alten Fotos.

In meiner Erinnerung war es viel größer. Auf dem Cover laufen mehrere Reihen rot-weißer Häuschen über den gelben Hintergrund, abwechslungsweise eine mit lachenden und eine mit grimmigen Gesichtern. In Schulheftmanier ein rotes Etikett für den Titel: *Happy Families*. Ich habe mich auf eine der Kisten gesetzt und schlage das

Büchlein auf. Da sind sie wieder, mit dickem schwarzem Stift gezeichnet, die alten Bekannten aus meinen Kindertagen: das grimmige und das strahlende Strichmännchen Mr. Gimme, auf Deutsch Herr Grabsch, und Mr. Give, Herr Gib. Am Anfang der Geschichte steht ein Haus, das als Gesicht dargestellt ist. Die Türe ist der Mund, die Fenster die Augen, das Dach die Mütze. Die erste Doppelseite zeigt links das unglückliche Haus mit dem grimmigen Gesicht, ihm gegenüber strahlt das glückliche Haus als ein lachendes Gesicht. Auf der nächsten Doppelseite stehen sich eine ganze Straße voller grimmiger und eine voller glücklicher Häuser gegenüber. Darauf folgt die Welt als Weltkugel, ebenfalls mit Mund, Nase, Augen und Stirnfalten. Auch sie blickt grimmig, alle Linien laufen nach unten. Wenn man jedoch das Büchlein um 180 Grad dreht, verwandelt sich das Weltgesicht ins Gegenteil, es lacht. Erst viel später fand ich irgendwann den Trick mit den konvexen und konkaven Linien heraus. Ich schaute das Büchlein wieder und wieder und wieder an und glaubte fraglos an die Entstehung des Glücks. Ebenso wenig bezweifelte ich, dass sich aus einem grimmigen Haus automatisch das Unglück entwickeln musste. Die moralische Botschaft war so einfach wie die plakativen Strichzeichnungen: Es gab nur entweder Gut oder Böse, kein Sowohl-als-auch, keine Zwischentöne. Aus dem lieben Menschen entstand auf direktem Weg eine gute Welt, ebenso wie aus dem bösen Menschen eine schlechte wurde. Mit diesem Gedankengut wuchs ich auf, und natürlich wollte ich ein liebes Kind sein.

Die beiden Strichmännchen waren für das Glück oder das Unglück verantwortlich. Wenn Herr Grabsch zu

Besuch kam, wurde aus dem Haus sofort ein grimmiges Haus, weil er nur schlechte Ratschläge gab, zum Beispiel morgens faul im Bett liegen zu bleiben, nur an sich zu denken, für sich das größte Kuchenstück zu nehmen oder die andern zu schlagen. Meine Augen bleiben am Bild mit dem Tablett voller Gebäck hängen; wie damals verlockt mich das mehrstöckige Stück Kuchen zum Zugreifen. Herr Gib hingegen trat mit einem strahlenden Lächeln ins Haus und riet, beim Abtrocknen zu helfen, Freunde zu gewinnen und mit ihnen alles zu teilen. Befolgte man seine Ratschläge, lebte man eben in einem lachenden, glücklichen Haus. Ich blättere weiter. Mit Herrn Grabsch zusammen schlich sich sein lästiger Gehilfe unbemerkt ins Haus, der die Bewohner zu verführen versuchte: ein schwarzer Käfer mit rotem Gewand, der sich Tisntmifault nannte. Gegen ihn half nur ein Mittel: Sobald man »sorry« sagte statt »das war ich nicht« oder »ich habe nichts gemacht«, löste sich der kleine Teufel in Rauch auf, weil er nichts so sehr hasste wie dieses Zauberwort. Daneben hatte Herr Grabsch noch eine ganze Armee von Helfern zur Hand, Insekten, Käfer, Fliegen, die ebenfalls die Absicht hatten, die Hausbewohner eigennützig, streitsüchtig oder gelangweilt zu machen. Um sich gegen sie zu wehren, musste man Herrn Gib ins Haus einladen. Mit seiner Unterstützung wurde man sofort sämtliche Quälgeister los und schaffte es, in einem glücklichen Haus in einer glücklichen Straße in einer glücklichen Welt zu leben. Happy End für Happy Families.

So glatt und sauber wie die lachenden Häuschen in der glücklichen Straße habe ich die Gesichter der Erwachsenen um mich herum erlebt. So glatt und sauber ist auch das Gesicht meines Vaters auf dem Bild in meinem Kopf. Trotzdem denke ich fast zärtlich an ihn. Ich rieche den Duft seines Rasierwassers, Marke Pitralon, ich höre seine helle Stimme, die ins Weinerliche kippte, wenn er gerührt war, und ich sehe seinen Mund, der sich zu einem leicht schiefen Lächeln verzog, wenn er unsicher oder verlegen war.

Wie konnte mein Vater dieser religiös-moralischen Ideologie anhängen? Und wie konnte er sich mit seiner ganzen Familie in die moralische Einbahnstraße der vier absoluten Maßstäbe hineinlenken?

Ich finde keine Antworten. Stattdessen ist eine andere Erinnerung plötzlich da. Ich war siebzehn Jahre alt und stand der Bewegung inzwischen kritisch bis ablehnend gegenüber. Nur widerwillig ließ ich mich dafür einspannen, am Seminar Werbung zu machen für ein Propagandastück, das ihre Ideologie in eine einfache Bekehrungsgeschichte verpackte. Besonders ärgerten mich zwei ältere Cousinen, die als Fulltimerinnen immer wieder bei mir auftauchten und mich bearbeiteten, an meiner Schule aktiv zu werden für die Bewegung. Ihre tantenhafte Aufdringlichkeit kam mir sektiererisch vor. Da ergab sich die Gelegenheit, während einer Ferienwoche im Zentrum über dem Genfersee an einem indischen Kochkurs teilzunehmen. Eine größere Delegation aus Indien war für eine internationale Konferenz eingeladen worden, und eine Gruppe von weiblichen Delegationsmitgliedern anerbot sich, eine praktische Einführung in die indische Küche zu geben. Ich meldete mich an, weil ich hoffte, bei dieser Gelegenheit endlich

Klarheit über meine Einstellung und meine Gefühle zu
gewinnen. Insgeheim tat ich es jedoch auch meinem
Vater zuliebe. Zwischen den täglichen zwei Meetings
stand ich also eine Woche lang in den großen Räumen der
Hotelküche, rüstete Gemüse, zerschnitt Kräuter, hantierte mit Kasserollen und Töpfen, füllte Berge von
schmutzigem Geschirr in die Abwaschmaschinen ein
und räumte das saubere wieder aus. Die Inderinnen, die
uns beibrachten, wie man Curry in allen Varianten und
andere typische Gerichte wie Linsen-Dal, Auberginen an
Joghurtsauce oder Raitas zubereitet, die unverzichtbaren
Dips der indischen Küche, huschten in ihren leuchtenden Saris zwischen den Rüsttischen und Kochherden hin
und her, erklärten uns, wie man die Speisen mit Korian-
der, Chili, Kurkuma und Minze richtig würzt, und zeigten, wie man Reis mit den Fingern isst, was mit ihren
schmalen, langfingrigen Händen anmutig und elegant
aussah. Der Zauber der exotischen Gerüche, die Farben
und Bewegungen nahmen mich wieder gefangen, wie
als Kind. In der Hotelküche wurde für mindestens vier-
hundert Personen gekocht. Wir Kursteilnehmerinnen
schufteten und schwitzten. Abends fiel ich wie ein Stein
ins Bett, erschöpft von der ungewohnten harten körper-
lichen Arbeit und der Teilnahme an der Konferenz. Denn
nebst der Küchenarbeit waren noch die Meetings und die
nicht weniger anstrengenden Tischgespräche mit wild-
fremden Menschen zu absolvieren. Da saß ich beim
Lunch zwischen einer fülligen Endfünfzigerin aus der
Romandie, die zu den Gründerfamilien der Bewegung gehörte und mich mit der netten Süffisanz der Arrivierten,
die keine Fragen mehr an die Welt haben, über meine

Ausbildung und meine Zukunftspläne ausfragte, und einer älteren Dame aus Mumbai, die in kaum verständlichem indischem Englisch ihre Motivation für diese großartige Konferenz bekannte. Auf unseren Tellern dampfte der Gemüsecurry, für den ich am Morgen stundenlang am Rüsttisch gestanden hatte. Statt endlich zu essen, musste ich artig Konversation machen, nach links in meinem Schulfranzösisch, nach rechts mit den paar Brocken Englisch, die ich zusammenstotterte. Ich schwitzte vor Anstrengung, brachte kaum einen Bissen herunter und sah fassungslos zu, wie die Speisen in den lächelnden Mündern verschwanden. Kein Wort über die Küche. Keine Anerkennung der Arbeit, die ein solches Essen erst möglich gemacht hatte. Kein Blick für die Niederungen der Dienstleistungen, die selbstverständlich waren. Während ich von Tag zu Tag trotziger und verbissener Kartoffeln schälte, Gemüsestängel schnitt und Zwiebeln hackte, zertrümmerte ich in Gedanken das ganze verlogene Weltverbesserungsgebäude. Ich war froh, dass mir die Zwiebelhaufen die Tränen in die Augen trieben, denn so sah niemand, dass es Tränen der Wut waren. Ich war wütend auf die Gutmenschmoral dieser Anstalt. Ich war wütend auf meinen Vater, der ihr so vorbehaltlos anhing. Ich war wütend auf mich, dass ich die Überzeugung meines Vaters nicht teilen konnte. Nicht wollte. Ich musste ihn enttäuschen. Wieder zu Hause, trat ich mit klopfendem Herzen in sein Büro und bat ihn um ein Gespräch. Ich schilderte ihm meine Eindrücke von der abgehobenen Welt dort oben, legte meine Kritikpunkte dar, so gut ich es vermochte, und teilte ihm mit, dass ich mich nicht identifizieren könne mit der Ideologie. Mein Vater hörte mir ruhig zu. Dann sagte er, dass er meinen Entschluss sehr bedaure, er selber sei zutiefst überzeugt von der Sinngebung dieser Sache, und der Glaube an Gott helfe ihm jeden Tag, das Richtige zu versuchen. Aber, und dabei sah er mich offen an, er akzeptiere meine Entscheidung und trage mir nichts nach.

Ich durfte mich selber entscheiden.

Als ich die anderen Erinnerungsstücke, die ich mit dem Bekehrungsbüchlein zusammen aus der Kiste gehoben habe, zurücklegen will, bleibt mein Blick am gelben Couvert mit den Fotos hängen. Ich ziehe ein Bündel Schwarz-Weiß-Bilder heraus, die meisten vergilbt, mit Eselsohren und kleinen Löchern von Reißzwecken an den Ecken. Ein Foto fällt mir aus der Hand. Ich hebe es auf. Es ist das Bild, das ich in mir herumgetragen habe. Es muss vom Podium aus geschossen worden sein. In der vordersten Reihe der Zuhörer sitzt mein Vater in weißem Hemd und locker gebundener Krawatte, graue Flanellhosen, die Beine lässig übereinandergeschlagen. Er hält den Kopf leicht zur Seite geneigt und lauscht dem Vortragenden, der hinter dem Fotografen stehen muss. Er scheint mich direkt anzuschauen. Aber in Wahrheit schaut er durch mich hindurch zum Redner. Das Gesicht meines Vaters ist offen, aufmerksam und konzentriert. Nicht nur das Gesicht, der ganze Vater ist hingegeben an das, was er vernimmt, was er glaubt, wofür er kämpft.

Eine heiße Welle von Liebe und Bewunderung erfasst mich. Es ist nicht das Bild des verblendeten Vaters im Dunstkreis der moralischen Bewegung, das mich nicht losgelassen hat. Sondern es ist seine Offenheit, die mir die Freiheit ließ, mich selber zu entscheiden. Es ist die Verantwortung, die er für sein Leben übernahm und mir damit vorlebte, die meine wahrzunehmen. Ich brauche lange, bis ich, ganz leise, um nichts zu verrücken, nichts zu zerstören, wieder hinuntersteige ins Haus. Apple hat auf mich gewartet. Er pfotet hinter mir her in die Küche, wo ich ihm die beiden Teller mit frischem Wasser und einem Beutel Katzenfutter, heute Huhn mit Sauce, auffülle. Während ich ein Käsebrot und einen Joghurt esse, schaue ich ihm zu, wie er den Teller leer frisst und dann in seinen Korb neben dem Ofen springt, wo er sich in aller Ruhe mit der Zunge sauber schleckt. »Wie gut du es doch hast«, sage ich zu Apple, »dein Katzenleben ist frei von Bindungen, Verlusten und Erinnerungen.« Erst als ich im Bett liege, kommen die Tränen. Ich weine, schluchze, es schüttelt mich, ich kann nicht mehr aufhören, weine mich in den Schlaf.

36.

Es ist wärmer geworden, der Schnee hängt schwer in den Ästen, ein Hauch von Rosa, Ahnung nur, nicht wirklich sichtbar, färbt die Schneedächer milde und sanft im nebligen Morgenlicht.

Gestern hat mir der Augenarzt bei der Vierteljahreskontrolle dringend geraten, nicht mehr Auto zu fahren. Er sagte mir nett, aber unmissverständlich, dass ich mit meiner Seheinschränkung auf der Straße eine Gefahr sei. Für mich und für andere.

Als ich mein erstes und einziges eigenes Auto kaufte, weil ich am Gymnasium einer weiter entfernten Stadt eine Stelle bekommen hatte, bedeutete es für mich Unabhängigkeit, Eigenständigkeit, Freiheit. Ich fühlte mich als eine andere, wenn ich in den roten Fiat Panda mit Schiebedach stieg und losfuhr zur Schule oder zu meinem Elternhaus, das damals schon leer stand, aber noch in unserem Besitz war. Ich begann zu singen, entwarf Autobriefe an einen nicht existierenden Geliebten, träumte davon, eine interessante und begehrenswerte Frau zu sein, ein abenteuerliches Leben zu führen, nicht eingebunden in eine Mutterrolle, nicht angebunden in einer Ehe, nicht festgebunden in einem kleinbürgerlichen Dorf im Mittelland. Es war ein herrliches Gefühl, befreiend und zugleich ungefährlich, mir mögliche wildere Varianten meines festgezurrten Alltags vorzustellen. Manchmal fuhr ich in eine Gärtnerei, ins Einkaufszentrum oder ins Möbelhaus für eine kleine, unwichtige Besorgung. Nur um einen Vorwand zu haben, ins Auto steigen zu können. Mich erfasste das gleiche triviale Auto-gleich-Freiheit-Gefühl, das andere nachts ziellos durch die halbe Schweiz fahren lässt, nur im Kleinformat.

In den Jahren der wiederkehrenden massiven Rückenschmerzen, die meine Mobilität einschränkten, war das Auto manchmal die einzige Chance, aus dem Gefängnis der eigenen Wände auszubrechen. Mit dem Bus in die Stadt zu fahren, kam nicht infrage. Wenn ich dann in der Buchhandlung, in einem Kleidergeschäft oder im Warenhaus stand, hatte ich für einen kurzen Moment das Gefühl, am Leben teilzuhaben.

Ich glaube, ich bin noch nicht so weit, den Fahrausweis abzugeben. Noch würde es mich kränken.

37.

Wenn mein Vater als Inspektor der Schweizerischen
Lebensversicherungsanstalt zur Arbeit im Außendienst
ging, sagte er: *I go of d'Reis*. Ich stellte mir darunter etwas
Lustiges, ja Abenteuerliches vor. Mein Vater ging in die
Welt hinaus. Ich kannte das Wort Reise nur im Zusammenhang mit Schulreisen oder Ferien. Und mir schien
tatsächlich, dass der Vater zu einer Art Ausflug aufbrach,
wenn er im blütenweißen Hemd, das feuchte Haar zu-
rückgekämmt, nach Pitralon duftend und eine Melodie
pfeifend aus dem Büro trat, um sich von der Mutter mit
einem Kuss zu verabschieden. Manchmal durften mein
Bruder und ich, die beiden Kleinen, mitfahren, hatten
aber im Fond des geräumigen Amerikaners zu warten,
während der Vater, mit seiner dunkelbraunen dünnen
Ledermappe unter dem Arm, einen Kunden besuchte.
Das konnte lange oder auch kurz dauern, wir hatten noch
keinen Zeitbegriff, wir wussten nur, dass wir auf keinen
Fall aussteigen durften, sondern im Auto sitzen bleiben
mussten und somit nicht teilhatten am Aufregenden
oder Lustigen von Vaters Reise. Während wir auf ihn warteten, schauten wir Kinderbücher an. Die Globibücher
mochte ich besonders. Und die kleinen Pixibüchlein, die
man am Kiosk kaufen konnte, mit Geschichten von Prinzessinnen und Zwergen, Rehen und Katzen. Sie begehrte

ich wegen des niedlichen Formats. Die Fahrten zu den Kunden führten meist in die umliegenden Dörfer oder auch ins angrenzende Tal mit dem See. Kam es nur während der Sommerferien vor, dass wir Vater *of d'Reis* begleiteten? Mir scheint, dass es immer heiß und stickig war im Fond, dass die Sonne auf die Heckscheibe niederbrannte und dass durch den Spalt des geöffneten Fensters nur wenig frische Luft hereinströmte. Vielleicht wollte Vater der Mutter etwas freie Zeit verschaffen, indem er uns für ein paar Stunden übernahm, sodass sie sich im Liegestuhl im Garten ausruhen konnte. Sicher ist, dass wir im Sommer, wenn die Kundenbesuche erledigt waren, manchmal eines der Strandbäder besuchten, die mit ihren dunkelbraun verwitterten Holzverkleidungen am Seeufer standen. Dann wurden die langweiligen Stunden auf dem Autorücksitz doch noch belohnt. Mein Vater liebte die Sommerhitze. Er liebte das Wasser. Und er liebte Süßigkeiten. Dass sich seine Arbeit mit Baden im See oder mit dem Besuch einer seiner Lieblingsbäckereien und dem Kauf der verlockenden Patisserie verbinden ließ, brachte mich zur festen Überzeugung, dass Arbeiten etwas Selbstbestimmtes und Belohnenswertes sei. Wie hart mein Vater für seinen Erfolg arbeitete, erahnte ich als Kind nicht, ich bekam nur Bruchstücke von seiner Arbeitswelt mit. Vertraut waren mir der schwarze Telefonapparat in seinem Büro, der häufig klingelte, und der blassgelbe linierte Notizblock mit dem Telefonsymbol in der linken oberen Ecke, der danebenlag. Dazu gehörte Vaters laute, helle Stimme, die den unsichtbaren Kunden vor unvorhersehbaren Schicksalsschlägen warnte und von rechtzeitigen Vorsorgemaßnahmen überzeugte. Dann gab es die Besuche des Vorgesetzten und von Mitarbeitern in seinem Büro. Sein Chef trug eine runde Goldrandbrille und hatte eine Meckerstimme. Er war mir unsympathisch, im Gegensatz zu einem rundlichen, gemütlichen Kollegen, der in einer Duftwolke aus Aftershave hereinplatzte, stets einen Scherz für mich parat hatte und mit seinem hellen Anzug und seinem Lachen den dunklen Korridor unseres Hauses zum Leuchten brachte. Das Büro war das Zentrum von Vaters Arbeit. Hier durften wir ihn nicht stören, wenn er telefonierte oder auf seiner Hermes Verträge mit zwei Durchschlägen tippte.

Auch im Innendienst gab es Nischen, Freiräume, Belohnungen, die im Büro meines Vaters sichtbar waren. Da lagen sein schwarzer Aquarellmalkasten ganz vorne neben dem Fenster zum Garten, in einem Einmachglas ein paar Pinsel verschiedener Breite und der Aquarellblock mit dem grob gekörnten Papier. Unter die Fensterbank geschoben, zusammengeklappt, der Dreibeinhocker. Die Malutensilien lagen griffbereit, um jederzeit *of d'Reis* mitgenommen werden zu können, falls noch Zeit sein würde für einen Halt, um Bäume in der Kirschblüte vor dem blauen See zu malen oder eine besonders schöne Herbststimmung. Zu Hause setzte Vater sich in den Garten, um Rosen, Rittersporn, Riesenkerbel und Malven zu malen.

Gegenüber der Fensterbank lagerten in einem Wandregal die Versicherungsprospekte für alle möglichen Fälle, ordentlich sortiert nach Rubriken. Wenn wir uns im Büro aufhalten durften, spielten wir damit. Ich liebte die Hochglanzfaltprospekte mit den roten und gelben Leuchtschriften, den symbolisch angedeuteten Gefahren von Einbruch, Blitz, Hagel, Feuer und Wasser. Daneben lagen in offenen A4-Kartons, getrennt nach Farben und Dicke, die verschiedensten Papiere: rosa, hellgrün, hellblau und blassgelb die dünnen Durchschlagpapiere, weiß das Schreibpapier mit und ohne Briefkopf und, besonders reizvoll, dickere und leuchtend farbige Papiere zum Basteln. Denn für Geburtstage, Familienfeiern oder Willkommensfeste war es mein Vater, der Tortenaufsätze, Gutscheinkarten, Girlanden und fantasievolle Dekorationen bastelte.

Weil Vater auch filmte mit einer Super-8-Kamera, wurde das Büro in regelmäßigen Abständen zum Vorführraum. Die kleinen Filmrollen dauerten nur ein paar Minuten und zeigten abwechslungsweise Gartenaufnahmen mit den jeweils blühenden Blumen, meine Mutter, die vor einer Rabatte stand, an einer Rose roch oder in die Kamera lächelte, und uns Kinder beim Spielen. Die Sonntagsausflüge zu den nahen Schlössern, die Familienpicknicks mit Onkeln, Tanten, Cousinen und Cousins im Wald, die Weihnachtsfeiern mit dem jedes Jahr reich geschmückten Baum, alles filmte mein Vater. Dann schnitt und klebte er die kurzen Filme zusammen und hielt so das Familienglück Jahr für Jahr auf großen Filmrollen fest. Das Besondere an den Filmvorführungen in Vaters Büro, die abends nach dem Abendessen stattfanden, waren aber nicht die Familienfilme, denn diese waren für uns sterbenslangweilig, die immer gleiche Inszenierung der glücklichen Familie. Wir warteten auf den Moment, bis der Vater nach der Projektion des neusten Garten-films, sozusagen als Gutenachtgeschichte, einen oder zwei Trickfilme von Walt Disney einlegte. Im verdunkelten Raum saßen wir gebannt am Boden vor dem Projektor, der mit untergeschobenen Büchern auf die richtige Höhe gebracht worden war, und erlebten für einen langen Kindermoment Kino. Obwohl ich die kurzen Filme längst auswendig kannte, hielt ich jedes Mal den Atem an, wenn die drei Schweinchen schlau den bösen Wolf überlisteten oder wenn Onkel Dagobert in seinem Banksafe im Gold badete.

Das Büro war das väterliche Gegenstück zur Küche, dem Herzstück der Mutter. Ob er mit einem Kunden am Telefon war oder mit einem Freund heftige ideologische Debatten führte, ob er uns Kinder am Boden zeichnen und basteln ließ oder Trickfilme abspielte: Er war immer ganz dabei. Sein leidenschaftlicher Kampfgeist und sein kindliches Gemüt verliehen ihm die Gabe, den Ernst der Arbeit mit einer spielerischen Freude zu verbinden.

38.

Die ersten Sonnenstrahlen setzen das Bühnenbild in Szene. An den nackten Ästen leuchten die Haselkätzchen wie ein vergessener Weihnachtsschmuck, der Raureif wird von der Wärme aufgesogen, und die Vögel sind schon lange am Werk. Ein glänzender Tag beginnt, der in alle Gesichter ein Lächeln zaubern wird. Es wird bald Frühling, nicht wahr, wie schön, werden sie einander zunicken in einem verbindenden Einverständnis. Die Erwartung des neuen Lebens, des Blühens und Werdens wird alle beschwingt und heiter durch den Tag schreiten lassen. Reisepläne werden geschmiedet, Balkone und Terrassen geputzt, erste Gartenarbeiten ins Auge gefasst. Ich kann nicht einstimmen ins fröhliche Morgenkonzert. Meine Gedanken rascheln wie Winterlaub durch die Vergangenheit.

Inzwischen haben die Morgengeräusche vom Tag Besitz ergriffen. Dazu gehören auch wieder diejenigen von Raoul, der zurück ist von seinem Kurs in Philadelphia. Seine Schritte auf der Treppe, das Ausklopfen der Pfeife im Aschenbecher, sein Hantieren in der Küche geben dem Haus die Sicherheit und mir ein Du zurück. Kaum hat er den großen Rollkoffer in den Hauseingang gestellt, oder eigentlich schon vorher, als ich ihn am Bahnhof abholte und er mich in die Arme schloss, habe ich die Erleichterung gespürt, ähnlich der nach einer durchgestandenen Prüfungszeit. Sie breitete sich wohlig in mir aus. Gut, bist du wieder da. Am Küchentisch hörte und schaute ich ihm zu, wie er von seiner Zeit in Amerika erzählte. Er ist *ännet em Teich* aufgelebt, wirkt jünger, beschwingt. Nicht mehr Tag und Nacht allein sein mit meinen Erinnerungen, mit meiner Vergangenheit, mit den Toten. Raouls Gegenwart beschützt mein Verschwinden in der Dunkelkammer.

Dröhnen, Hämmern, Rufe und das Surren des Baukrans sind zu hören: In der Nachbarschaft wird ein altes Bauernhaus bis auf die Grundmauern ausgehöhlt und neu aufgebaut. Der Bauherr ist umsichtig. Das alte behäbige Dach bleibt bestehen, der Grundriss ebenfalls. Rückbau nennt sich das im Baujargon, in den meisten Fällen eine Lüge, wenn alte Häuser abgerissen und durch gesichtslose Neubauten ersetzt werden. Ebenso verlogen wie der Begriff Arbeitsplatzoptimierung, wenn es um Kündigungen geht. Wie Worte doch lügen können. Hier wird der Begriff jedoch ernst und beim Wort genommen: ein Haus wird in seine ursprüngliche Form zurückversetzt und wieder aufgebaut.

Vielleicht betreibe ich auch eine Art Rückbau, indem ich mein Leben umstülpe, von außen nach innen kehre. Ich buchstabiere mein Leben zurück, wende es um und schaue es nochmals an, mit anderen Augen. Das ist es, was mich besetzt und mir zusetzt.

Mein Haus ist mein Körper ist meine Seele ist mein Denken ist mein Gefühl ist mein Erinnern ist wieder mein Haus.

frühling zerrt
an deinen knochen
regen und dehnen sich schmerzen
erwachen aus dem
winterschlaf knospen
schlagen aus und treiben
blätter an den gelenken
wächst ein blütenkranz
in deinem haar
grünen gedanken und
flattern im blau

39.

Mein Gedächtnis hat Löcher bekommen. Ich ärgere mich jeden Tag über meine Vergesslichkeit. Die Tatsache, dass es den Menschen um mich herum gleich geht, meinem Mann, unseren Freunden, macht es nicht besser, eher schlimmer. Jetzt gehöre ich also auch dazu, zum alten Eisen, zu denen, die keine Erzählung mehr ohne Stocken ans Ende bringen, ohne die beschämenden Pausen, wenn ein Name, ein Begriff, eine Jahreszahl plötzlich ausfällt. Schwarzes Loch. Blackbox. Nada. Eine Lücke. Ich suche und suche und erkenne nichts als ein Schwarz, wo doch eben noch ein Wort war, das einen Gegenstand, einen Menschen, einen Ort bezeichnete. Es ist, wie wenn das Wort als schwarzer Schatten seiner selbst über dem noch schwärzeren Abgrund schweben würde. Körperlos, nachtschwarz im nachtschwarzen All. Wenn es dann unversehens wieder auftaucht, als ob es nie weg gewesen wäre, fühle ich mich, wie wenn ich eine Leistung vollbracht hätte, und bin erleichtert. Kurzzeitgedächtnis. Langzeitgedächtnis. Früher zählte die Leistungskraft meines Gedächtnisses ausschließlich im Zusammenhang mit Prüfungswissen, später mit Lehrerwissen. Heute brauche ich sie, um den Alltag zu bestehen. Und morgen? Wie schnell schrumpft sie, geht ein oder ganz verloren?

Die Vorstellung, dass in meinem Gehirn ein Friedhof der verlorenen Wörter entsteht, entsetzt mich.

Auch meine Erinnerungen sind unzuverlässig und lückenhaft. Die verbreitete Meinung, dass sich alte Menschen an früher noch präzise erinnern können, trifft auf mich nicht zu. Mein Gedächtnis lässt mich auch hier im Stich. Mein Blick auf Vergangenes ist unscharf, verdunkelt.

Seit mein Gesichtsfeld kleiner ist, ärgere ich mich zudem täglich über etwas, das ich übersehen habe. Meine Hand, die ein Glas umstößt. Die Creme gegen Gelenkschmerzen, die ich ein zweites Mal besorge, weil ich die Tube im Badzimmerschrank nicht gefunden habe. Die Unsicherheit bei dunklen Treppenabgängen, wenn ich die Stufen nicht mehr drei-, sondern zweidimensional wahrnehme. Die Freundin am Treffpunkt im Bahnhof, die ich im flutenden Strom der Menschen erst spät erkenne.

Es ist, wie wenn sich die Schwächen verbündet hätten. Der innere Blick, mit dem ich Vergessenes zu erinnern versuche, versagt ebenso wie der äußere auf meine Umgebung.

Vielleicht hängt ja alles miteinander zusammen? Die fehlenden Wörter, die Lücken in der Erinnerung, die schwachen Augen? Die Erinnerungen tauchen aus dem Dunkel der Vergangenheit auf, sie sind unzuverlässig, verschwommen, lückenhaft oder verengt auf ein Gefühl, einen Geruch, ein Gesicht. Aber ihre Unschärfe, wenn ich mir sagen muss, ich weiß es nicht mehr genau; das

Traumhafte eines auftauchenden Gefühls; das Reduzierte einer erlebten Situation – liegt in all diesem Verschwinden vielleicht auch ein Versprechen? Plötzlich fällt mir mein Venedig-Bild wieder ein, über das Magritte schrieb, es habe eine Kraft, die er Poesie nenne.

Vielleicht ist es so. Vielleicht liegt in der Unschärfe das Geheimnis, vielleicht liegt in ihr die Kraft. In der Unschärfe liegt die Poesie. Vielleicht.

40.

Meine Mutter hatte Mühe, mich ziehen zu lassen. Das vermute ich heute, aber ich weiß es nicht. Ich weiß nicht, wie sie sich gefühlt, was sie gedacht, was sie getan hat, als ihre Aufgabe als Familienfrau und Mutter zu Ende war.

Fühlte sie sich bis am Ende ihres Lebens als Vollwaise? Ihr oft wiederholter Satz hallt immer noch in meinen Ohren. Wer war sie wirklich? Ich erinnere mich, dass sie einmal zu mir sagte, sie sei immer als stolz wahrgenommen worden, schon als Jugendliche, und so sei es bis heute. Damals war ich etwa neun Jahre alt. Das Wort stolz prägte sich mir deshalb so tief ein, weil ich es von da an immer auch auf mich selber bezog, weil ich befürchtete, dass meine Klassenkameradinnen mich auch so sahen. Ich verstand es als eine Art Markierung, ähnlich wie die Bezeichnung »die aus der Villa mit dem Park«. Stolz zu sein, gefiel mir nicht, ich wollte nicht anders sein als die andern.

Erstaunt sehe ich zu, wie sich vor mir zwei ganz gegensätzliche Bilder meiner Mutter herausschälen. Einerseits war sie die selbstbewusste, gut organisierte, energische, vielseitig tätige und interessierte Frau, die sich im Dorf engagierte, in der Schulpflege mitarbeitete, im Kirchenchor mitsang. Als Ausbildnerin für das Haushaltsjahr lehrte sie viele junge Frauen kochen, putzen, bügeln, flicken, gärtnern, organisieren und budgetieren. Sie war eine sehr gute Köchin, Gärtnerin, Gastgeberin. So wurde sie in der Verwandtschaft, von Freunden, Bekannten, im Dorf wahrgenommen. So nahm auch ich sie wahr. Nur war das für mich selbstverständlich, sie war einfach meine Mutter, und deshalb nahm ich es eben nicht wahr.

Das andere Bild, das ich in mir trage, ist die Mutter, die still am Tisch saß, nachdem sie das Essen aufgetragen hatte, die keinen Streit ertrug, die sich nicht einmischte, die sich ins Bett zurückzog oder im Garten in einem Liegestuhl im Schatten lag und in Zeitschriften blätterte. Es ist das Bild der Mutter, die ihre Blicke auf mir ruhen ließ, als ich längst erwachsen war. Die sich nicht mitteilte. Die nie etwas gegen mein Studium sagte, aber auch nie etwas dafür. Die nie Stellung bezog. So sah ich meine Mutter. Und befürchtete in Krisenzeiten meines Lebens, so zu werden wie sie.

Während der Familienzeit erfüllte sie die vielen Aufgaben. Erst als wir alle selbstständig und aus dem Haus waren – ich als Letzte, meine Brüder waren schon vorher ausgezogen –, begann sie wohl zu realisieren, dass sie nicht mehr gebraucht wurde. Auch darüber hat sie sich nie mitgeteilt. Ich vermute, auch ihrem Mann gegenüber nicht. Das Eheleben meiner Eltern blieb mir verborgen.

Sie wurde depressiv und abhängig von Schlafmitteln. Man sprach damals von einer Nervenkrise, nicht von Depression, und schrieb es den Wechseljahren zu. Der innere Rückzug vollzog sich, ohne dass ich es merkte. Ich merkte nur, dass ich ständig das beengende Gefühl hatte, ihr etwas schuldig zu sein, aber nicht wusste was.

Stolz. Die verschiedenen Facetten meiner Mutter beginnen sich in diesem Wort zu spiegeln. Stolz fügt die gegensätzlichen Wahrnehmungen zu einem unsicheren, aber stimmigen Bild zusammen. Sie war eine stolze Frau, die selbstbewusst, energisch und tüchtig im Leben stand. Sie war eine stolze Frau, die distanziert, zurückhaltend und konfliktscheu das Leben mied. Sie war eine stolze Frau, die sich nicht mitteilte, die den inneren Rückzug wählte, die das Schicksal still ertrug. Und so wie meine Mutter sich mir nicht mitteilte, so redete ich mit ihr auch nicht über das, was mich wirklich beschäftigte.

Ich habe meine Tochter angerufen, die gerade von einem Auftrag aus Seoul zurückgekehrt ist. Nachdem sie von ihrer Arbeit dort, von den Menschen und der Stadt erzählt hat, habe ich sie etwas unvermittelt gefragt, ob sie sich an ihren Auszug von zu Hause erinnere und wie ich damals darauf reagiert habe. Es war einen Moment lang still, dann lachte sie hell: »Ja, natürlich. Das war nicht einfach für dich. Ich war ja auch die Letzte, die auszog. Vor allem erinnere ich mich an die endlosen Gespräche zu dritt auf dem Sofa. Ihr habt über alles mit mir geredet, über eure Gedanken, eure Gefühle, eure Ängste. Das war manchmal echt ätzend und mühsam. Aber heute bin ich euch dankbar dafür.« Und, meinte sie nach einer kurzen Pause, sie finde es mutig von mir, dass ich mich meiner Situation so konsequent ausgesetzt habe und nicht mit nach Amerika gereist sei.

Nach dem Unfalltod des Vaters hatte meine Mutter sich tapfer aufgerafft, um weiterzuleben, obwohl sie mit ihm alles verlor. Ihre Lebenskraft reichte noch für zwei Jahre. Wir wussten in jenem Spätsommer nicht, wie lange sie noch leben würde. Ich besuchte sie oft, sie lag im Regionalspital, es ging ihr besser, die Entlassung stand bevor. Geplant war, dass sie vorerst zu uns ziehen würde, bis sich alles Weitere geregelt hätte. Als ich eines Morgens talaufwärts fuhr, um nach ihr zu schauen, wusste ich plötzlich mit einer klaren Gewissheit, dass ich meiner Mutter etwas sagen musste. Ich wusste nicht *was*, ich wusste nur *dass*. Reden. Einfach reden. All die Jahre des Verschweigens, Verleugnens, Verschonens aufholen. Die Distanz aufheben. Noch als ich vor ihrem Bett stand, wusste ich nicht was sagen. Dann begann ich ohne Einleitung von meiner Ehe zu erzählen. Dass wir uns trotz Krisen und Auseinandersetzungen immer wieder fanden, dass wir eine lebendige Beziehung lebten, in der wir uns beide und zusammen weiterentwickelten. Ich erzählte, wie es mir als junger Lehrerin an der Kantonsschule ging und wie herausfordernd es war, in den verschiedenen Rollen zu Hause und in der Schule zu genügen. Dass so vieles gleichzeitig zu meistern für mich aber lustvoll und inspirierend war. Sie schaute mich während meines Redens aufmerksam an, hörte mir zu, ohne mich zu unterbrechen, und meinte dann: »Ja, das ist gut so.«

Für eine Aussprache reichte ihre Kraft nicht mehr. Am Tag vor ihrem Austritt starb sie in aller Stille und ohne Aufsehen in ihrem Sessel neben dem Bett.

41.

Schlaftrunken schaue ich auf die Wand aus Haselsträu-
chern, die in der weichenden Nacht noch ohne Farbe ist.
Die Augen gewöhnen sich an die Dunkelheit, sagt man.
Ich bin mir dessen nicht mehr sicher.

Plötzlich tauchen aus dem Dunkel, verschwommen
erst, Gestalten auf. Sie laufen ins Bild und direkt auf mich
zu, werden rasch größer und konturierter. Meine Mutter
ist es, die beschwingt über den Rasen auf mich zukommt.
Sie ist jung, schön, trägt ein schwarzes, tailliertes Kostüm und eine weiße Bluse, das dunkle mittellange
Haar ist zu einer Außenrolle frisiert. Sie lächelt mir zu –
und wird vom unteren Bildrand vor meinen Füßen ver-
schluckt. Aber schon kommt sie wieder aus dem dunklen
Hintergrund des Gartens auf mich zu oder vielmehr auf
die Kamera des Vaters, der filmt. Diesmal mit seitlich ge-
neigtem Kopf und Blick zum Bébé, das sie auf dem Arm
trägt. Hinter ihr erkenne ich meine Großtante, die mit
uns im Haus lebte, klein, gebückt, schwarz gekleidet;
neben ihr steht eine von Vaters Schwestern, strahlend
und schön; alle wenden sich lächelnd dem Bébé zu. Aber
mein Blick bleibt am linken Bildrand haften, wo mein
großer Bruder zu erkennen ist: angeschnitten, nur die
Hälfte von ihm ist von Vaters Kamera erfasst worden, der
die Linse auf das lange ersehnte Geschwisterchen rich-

tete. Ist es das Tauffest meines jüngeren Bruders? Der schlaksige, hoch aufgeschossene Primarschüler im blaurot karierten Madrashemd und den kurzen Hosen lässt den sichtbaren Arm hängen, er schaut mit dem einen Auge und einer Mundhälfte verkniffen in die Kamera. Er steht am Rand. Nicht im Mittelpunkt. Ist er verdrossen? Langweilt er sich?

Das Bild verschwindet wie das erste unter mir und macht weiteren Platz, die immer schneller erscheinen, so wie wir früher Familienfilme im Schnelldurchlauf anschauten. Ich bin nun selber dabei, pummelig und pausbackig versuche ich mich auf dem Rasen im Gehen, falle hin, krieche durchs Gras auf mich zu, die große rote Masche im schwarzen Haar leuchtet im Halbdunkel. Wie Zwerge aus dem Märchenwald kommen wir alle drei hinter Riesenkerbel, Malven und Rittersporn hervor und laufen nach vorne auf den filmenden Vater zu; der große Bruder zuvorderst, dann der jüngere und am Schluss ich, das Nesthäkchen. Schon rollt das nächste Bild heran: Wir planschen am Brunnen, der große Bruder zeigt uns Kleinen, wie man mit der flachen Hand spritzen kann. Wir quietschen lautlos vor Vergnügen, die Bilder sind ohne Ton. Dann zieht er uns im Leiterwagen über den Rasen; als er auf die Kamera zukommt und verlegen lächelt, wird seine breite Zahnlücke sichtbar.

Der große Bruder, der Erstgeborene, der mit den Kleinen spielt, sie unterhält, sie unterrichtet, sie belehrt, sie erzieht: Was ist wohl in ihm vorgegangen, wenn er endlos lange Sonntagnachmittage mit uns verbracht hat? Oder sind es nur Happy-Family-Szenen, die ich erinnere, weil Vater uns immer wieder als glückliche Familie filmte?

Wenn wir im Sandkasten an der schattigen Nordseite des Hauses die Gotthardstrecke mit den Nadelkurven nachbauten, um sie mit den Dinky-Toys-Autos befahren zu können, war er im Element. Dann wurden wir zu seinen kleinen Helfern, holten eimerweise Wasser, damit der Sand die richtige Baukonsistenz bekam, wir verstärkten die Südrampe mit Kieselsteinen und stützten die Schwachstellen mit Holzspänen. Er führte uns an, er war der Bauingenieur. Bevor wir zu spielen begannen, fand die Verteilung der Autos statt, immer nach den gleichen Regeln: Zuerst durfte der Älteste eines auswählen, dann kam der Mittlere, als Dritte ich, dann begannen wir wieder von vorne. Das Bauen der Anlage und die Zuteilung der Autos waren wichtiger als nachher das Spielen. Ich erinnere mich, dass ich oft einen kleinen, offenen roten Jeep ergattern konnte und im nächsten Durchgang unbedingt den kleinen Anhänger dazuhaben wollte. Aber mein Favorit war ein beigebrauner Studebaker, bei dem sich die Türen öffnen ließen. Auch der gelbe Weetabix-Lastwagen gehörte zu meinen Wunschautos, meist hatte ihn jedoch einer meiner Brüder schon weggeschnappt.

Beim Bauen der großen Modelleisenbahnanlage in den Weihnachtsferien war der Vater dabei. Mit seiner Hilfe entstand auf einer Tischplatte aus Drahtgitter, Gips und Farbe eine Gebirgslandschaft mit Tunnels, mit mehreren Bahnhöfen und Gleisführungen. Da waren wir Kleinen schon größer geworden und durften beim Zusammenbauen und Kleben der Häuser der Firma Faller helfen.

Noch später gab es die endlosen Sonntagnachmittage, die wir beim Monopoly-Spiel verbrachten, das meistens im erbitterten Streit zwischen meinen Brüdern endete. Der ältere konnte nicht verlieren. Damals lernte ich, dass ich den relativen Frieden in der Hand hatte, indem ich nicht gewann. Der jüngere jedoch verrannte sich unversehens in einen Disput mit dem viel schlaueren und trickreichen Besitzer von gewinnbringenden Karten, gegen den er keine Chance hatte.

Die Bilder sind vom Grün des Frühlingsmorgens aufgesogen worden. Vor dem Fenster hat ein reger Flugbetrieb eingesetzt. Aufgeregte Krähen setzen sich für einen kurzen Moment in meinen Bildausschnitt, Rotkehlchen zittern auf dem Balkongeländer, bevor sie weiterhasten, schwarze huschende Schatten leuchten in der Spiegelung des Fensters auf. Sie sehen Apple offensichtlich nicht, der reglos an der Fensterscheibe hockt und hinausstarrt. Seine Ohren zittern vor Anspannung. Er horcht und späht durchs Glas. Das Geäst der Sträucher und Bäume wird impressionistisch weich und hell von den in der Sonne leuchtenden Blattknospen.

42.

Der große Bruder. Ich habe ihn geliebt, verehrt, bewundert. Er war immer mein großer Bruder. Auch später, als ich längst erwachsen war, ein eigenes Leben und eine eigene Familie hatte, blieb er mein großer Bruder aus der Vergangenheit. Er hat in unserem Happy-Familiy-Haus Türen und Fenster geöffnet. Wir jüngeren Geschwister lernten durch ihn neue faszinierende Dinge kennen: Jazz-Musik von Dave Brubeck, Miles Davis, John Coltrane. Die Literatur von Günter Grass oder Gottfried Benn. Perspektivisches Zeichnen. Kartenspiele wie das Pokern an den Silvesterfeiern mit den größeren Cousins und Cousinen. Sein Blick auf uns blieb immer der des älteren Bruders auf die Kleinen. Er war uns die Schritte voraus, die wir erst noch machen mussten, er hatte sie sechs Jahre lang allein wagen und erkämpfen müssen. Sein Am-Rande-Stehen im Bild, das vor ein paar Tagen durch mich hindurchgefallen ist, sein vages Lächeln auf den anderen Bildern, die dem ersten folgten – sie sind vielleicht Zeugen seines Dilemmas: entthront worden zu sein, dafür aber nicht mehr allein, und die Eltern endlich glücklich zu erleben. Was sie mit ihm als einzigem Kind offenbar nicht genug gewesen waren. Die Eifersucht auf uns war vorprogrammiert. Aber wir sollten sie erst viel später zu spüren bekommen. Er setzte sich für uns ein, als es um die Schule, die Ausbildung, um unsere Zukunft ging. Er versuchte die Eltern davon zu überzeugen, dass ich unbedingt Latein belegen solle, um später wie er die Kantonsschule zu besuchen und die Matura zu machen. Ich war eine gute Schülerin, in den Sprachfächern Klassenbeste, ohne mich anstrengen zu müssen. Was also hielt mich davon ab? Ich selber war es, die nicht wollte, weil ich sicher war, dass ich ohne Handarbeits- und Kochschule nie einen Mann finden und eine Familie gründen würde, wie wir eine waren. Die beiden Optionen schlossen sich damals noch aus, und so besuchte ich drei Jahre lang einen fantasielosen, an der Nachkriegszeit orientierten Koch- und Haushaltsunterricht, der mir kaum etwas gebracht hat, sicher nicht Mann und Kinder.

Mein Bruder wurde mein Berater, mein Förderer. Das bewunderte Vorbild veränderte sich. Unser Verhältnis veränderte sich. Wann es angefangen hat, dass ich seine Affinität für die kleine Schwester spürte, die ihm in vielem so ähnlich schien, weiß ich nicht mehr genau. Von der sechsten Klasse an besuchte ich die Bezirksschule, wo Deutsch trotz der vielen Lehrerwechsel mein Lieblingsfach war. Mein Bruder interessierte sich nun für mich, als ob ich etwas ganz Besonderes, Auserwähltes sei. Er ließ mich teilnehmen an seinen literarischen Vorlieben, an den eigenen ersten Gedichtentwürfen. Er las und interpretierte mit mir Gedichte von Hermann Hesse, Szenen aus dem *Grünen Heinrich* und *Romeo und Julia auf dem Dorfe* von Gottfried Keller, *Tonio Kröger* von Thomas Mann. Er spielte den Deutschlehrer mit mir als seiner begabten Schülerin, oder vielmehr gab er den Hauslehrer, der mir

Privatstunden erteilte. Nicht dass ich es gebraucht hätte. Vielmehr schien er in mir ein Objekt für seine literarischen und sprachlichen Entdeckungen gefunden zu haben. Er ließ mich Stil- und Wortschatzübungen machen. Er lehrte mich den Dornseiff gebrauchen, das umfangreiche Synonymwörterbuch, das den deutschen Wortschatz nach Sachgruppen geordnet darstellt. Er diktierte mir Stimmungsschilderungen und Tagebuchtexte, wie ich sie schreiben könnte und müsste.

Der Dornseiff meines Bruders steht immer noch in meinem Bücherregal. Als wir nach seinem Tod seine Bibliothek sichten mussten, bevor sie dem Schweizerischen Literaturarchiv übergeben wurde, hatte ich das Buch in einer Regung an mich genommen. Jetzt halte ich den massigen blauen Band mit dem roten Rückentitel in beiden Händen und setze mich ans Fenster, um darin zu blättern. Wie im Spiel schlage ich im Register das Wort nötigen nach und arbeite mich durch die angegebenen Ziffern der Sachgruppen, von der Abteilung Mensch (Essen) über Wollen und Handeln (unfreiwillig) bis zu Gesellschaft und Gemeinschaft (Anerbieten, Verpflichtung, Gehorsam, Gefangenschaft): nötigen – zwingen – bestimmen – aufdrängen – umerziehen – verpflichten – sich bemächtigen – drängen – betören – verführen – bezaubern – beraten – anleiten – formen – führen – bevormunden – bestimmen über – Einfluss ausüben – einwirken auf – steuern – bearbeiten – dressieren – einschleifen –

Nach dem Tod unserer Großtante hatte mein Bruder das große, lichtdurchflutete Eckzimmer mit den beiden

Fenstern zum Garten bezogen. Am großen Tisch, der ihr zu Lebzeiten als Esstisch gedient hatte – an dem sie regelmäßig ihre beiden Pensionäre zum Mittagessen und ihre Freundinnen zu Kaffee und Kuchen eingeladen hatte, bevor er zum Arbeitstisch für den Kantonsschüler und dann den Architekturstudenten wurde –, an diesem Tisch sehe ich mich sitzen, mit Blick auf meinen geliebten Kastanienbaum im Garten, und einen Tagebuchtext durchlesen, den mein Bruder aus meiner Perspektive in der Ich-Form geschrieben hat. In mir baut sich ein Unbehagen, ein Widerstreben, eine Abwehr auf, denn ich erkenne mich nicht in diesem Text. Dieses Ich bin nicht ich, sondern das ist mein Bruder; das sind nicht meine schmachtenden Gefühle, sondern seine, oder vielleicht sind es schon die einer literarischen Figur, die ich aber auch nicht bin. »Mein« Tagebucheintrag ist jedoch so brillant, bestechend, druckreif formuliert, dass ich mich dem Geschriebenen nicht entziehen kann, obwohl sich in mir etwas sträubt und »falsch, falsch, falsch!« ruft.

Als wir in der neunten Klasse im Deutschunterricht einen Vortrag über ein Gedicht halten mussten, schlug mir mein Bruder eines seiner Lieblingsgedichte vor, *Im Nebel* von Hermann Hesse. Er musste mich von seiner Interpretation nicht überzeugen, ich fand sie genial und brillierte mit dem Vortrag. Noch vierzig Jahre später verriet mir eine ehemalige Mitschülerin an einer Klassenzusammenkunft, wie sehr sie von meinem Hesse-Vortrag beeindruckt gewesen sei. Ihr Lob löste bei mir das gleiche schale Gefühl aus wie damals: Das war nicht meine

Stimme, die ihr gehört habt, es war seine. Angeleitet. Aufgedrängt. Eingepflanzt.

Er verstand es immer wieder, mich für Privatstunden zu sich zu zitieren. »Ich möchte dir eine Passage aus dem *Grünen Heinrich* zeigen. Es nimmt mich wunder, wie du sie interpretierst.« Ich will eigentlich in mein Zimmer verschwinden, um in meinem Jungmädchenroman *Die verständige Yvonne* weiterzulesen. Seine Einladung passt mir überhaupt nicht, aber sie schmeichelt mir, sie macht mich zu etwas Besonderem. Ein Nein kommt nicht infrage, nicht einmal ein kurzes Zögern. Ich würde für immer aus seiner Gunst fallen. Seine Einladung ist eine Aufforderung. Also nicke ich und folge ihm in sein Zimmer.

In der Szene wird der junge Malerschüler Heinrich Lee in seinen ersten Liebeserfahrungen hin- und hergeworfen zwischen dem sanften, feinen Mädchen Anna, der Tochter des Schulmeisters, und der sinnlichen, reifen Frau Judith. Anna wird seine erste Liebe, Judith zieht ihn jedoch erotisch an. In der Passage, die ich lesen und interpretieren soll, begegnet Heinrich auf dem Nachhauseweg von Anna im Nebel der schönen Judith, die einen Korb mit Äpfeln trägt, ihm lachend einen Apfel reicht und ihn an sein Versprechen erinnert, nachts heimlich zu ihr zu kommen. Eine symbolhafte Verführungsszene, nach der Urgeschichte von Adam und Eva im Paradies, erklärt mir mein Bruder und fährt weiter, Judith verkörpere die weibliche Sexualität, ganz im Gegensatz zur andern Frauenfigur, Anna, zu der sich Heinrich seelisch hingezogen fühle. Anna sei die Gegenfigur zu Judith, beide zeigten je ein Wunschbild der Frau, das im Protagonisten Heinrich schlummere. Mir gefällt die zarte, offenherzige Anna viel besser als die ältere Frau Judith, die mir unheimlich und fremd ist. Ich nehme es Heinrich übel, dass er seine Freundin verrät. Erst recht, als Anna krank wird und stirbt. Das macht mich wütend auf ihn. Aber ich getraue mich nicht, etwas so Unreifes, Unbedeutendes zu sagen. Stattdessen höre ich der Interpretation meines Lehrers zu, gebannt von seinen Worten und gleichzeitig befangen, weil ich nicht verstehe, was ihn offensichtlich fasziniert. Und. Aber. Denn. Ich habe meine Gefühle und Gedanken zu diesem Text nicht ausdrücken können. Mein Bruder hat mir die seinen vorgeführt. Druckreif, schlüssig, unwiderlegbar. Ja, er hat mir seine Deutung aufgebürdet, denn ich würde sie nicht mehr los werden. Ebenso wenig, wie ich mich von der Rolle der Zuhörerin würde lösen können.

Wie in Heinrich schlummere in jedem Mann das Wunschbild einer bestimmten Frau, seine Anima, doziert mein Bruder indessen weiter. Und entsprechend trage jede Frau die Vorstellung eines Mannes in sich, ihren Animus. Das gehe auf die Archetypenlehre des Psychoanalytikers C.G. Jung zurück, nach welcher die menschliche Seele seit je Urbilder oder Archetypen enthalte, von denen Anima und Animus die wichtigsten seien.

In solchen Lektionen und Übungsstunden wurde ich in die Literatur eingeführt. Ich lernte sie mit den Augen meines Bruders kennen. Zwar nahm ich unbewusst wahr, dass er sich seinen literarischen Lieblingsfiguren eng verwandt fühlte, Sinclair, Tonio Kröger, Heinrich Lee –

sie alle waren Künstler, Außenseiter, Einsame, Auserwählte. Ebenso registrierte ich, wie sehr er für die weiblichen Idealfiguren schwärmte, die Inge Holm, Eva oder Judith hießen, gerade als ob sie wirklich existierten. Nur. Aber. Zwischen all den Fiktionen saß ich vor ihm, seine Schwester, Seelenverwandte, Blutsverwandte, und wusste nicht, wohin mit alldem.

Was kam von mir, was von ihm? Zunehmend verlor ich die Klarheit über den Unterschied. Ich war verwirrt. Die Nähe zu ihm war für mich ebenso verführerisch wie bedrohlich. Von ihm gefördert zu werden, war verführerisch; abhängig zu werden von seiner Meinung, vor allem aber von seiner Sprachmacht, war bedrohlich. Das zweite Gefühl nahm zu, je älter ich wurde. Aber das erste hörte nicht auf. Als ich das Lehrerinnenpatent erreicht und ein Jahr lang als Primarlehrerin mein erstes Geld verdient hatte, reifte mein Entschluss, Sprachen zu studieren. Dass ich mich für Romanistik und Musik entschied, hing mit dem Bedürfnis zusammen, mich vom Bruder abzugrenzen, der inzwischen von der Architektur zur Germanistik gewechselt hatte. In die gleiche Universitätsstadt ziehen, ja. Die gleiche Studienrichtung jedoch wollte ich nicht wählen. Zudem reizte mich die fremde Sprache. Dass ich nach ein paar Semestern dann doch zur Germanistik wechselte, war eine Folge meines Unterlegenheitsgefühls allem Frankophonen gegenüber, das auch nach dem Pariser Semester nicht verschwand. Ich wusste, ich würde mir die französische Literatur immer nur mittels einer Übersetzung aneignen können. Ich würde die Kraft der Bilder, die Magie der Sprache letztlich immer nur mittelbar erfassen und erleben. Und ich würde auch in der gesprochenen Sprache immer Defizite haben.

Aber der Wechsel brachte mich wieder in die Gefahrenzone des großen Bruders, der mir weiterhalf, wenn ich nicht weiterkam, unentschlossen oder unsicher war. Er war der vertraute Berater. Als Kulturredaktor einer prominenten Tageszeitung verschaffte er mir Besprechungen von literarischen Neuerscheinungen. Er beriet mich bei der Wahl meines Themas für das Lizenziat. Bei der dreitägigen Prüfungsklausur half er mir im Hintergrund mit wissenschaftlichen Quellennachweisen.

Wenn er nur nicht immer noch der große Bruder gewesen wäre. Es begann ein langer, schwieriger und quälender Ablösungskampf. Ich erinnere mich an ein Gespräch, in dem ich versuchte, ihm meine Ambivalenz zu erklären. Ich hätte ihm vieles zu verdanken, sagte ich, er sei mein großes Vorbild gewesen, gleichzeitig belaste mich aber alles, was ich von ihm gelernt habe, weil es mich daran hindere, eigene Ideen zu entwickeln, meinen eigenen Weg zu suchen, meine eigene Identität zu finden. Ich schaffe es einfach nicht, aus seinem Schatten zu treten. Er verstand meine Not nicht, meinte, ich habe es doch gar nicht nötig, mich in einen Konkurrenzkampf mit ihm zu begeben, meine fachlichen Qualitäten seien unbestritten und würden sich, da ich eine Frau sei, sowieso von seinen unterscheiden. Und er finde, fuhr er weiter, dass ich mich am falschen Ort abzulösen versuche, statt von der Mutter, von der ich mich leider nie losgelöst habe, meine ich es nun von ihm zu müssen.

Nach diesem Gespräch vertiefte sich die Kluft zwischen uns. Die Distanz half mir einerseits, meine eigene

Spur zu finden und zu leben. Andrerseits führte sie zu Verletzungen, Kränkungen, Missverständnissen. Um sie zu überwinden und meinen Bruder noch, irgendwie, zu erreichen, brauchte es immer mehr Brücken. Mit seiner Abwendung von mir, von der Familie, von Freunden in den späteren Jahren, wurden es schwankende Hängebrücken oder gar dünne Seile. Er stürmte auf der anderen Seite des Tals längst Höhen entgegen, wo es keine Brücken mehr gab.

43.

Der Frühling wispert in den Blättern und kichert in den Knospen. Die Vögel spielen verrückt. Alles ist ver-rückt, außen wie innen. Meine alte Ordnung ist verrückt. Die Zeit ist verrückt. Meine Augen sehen verrückt. Mein Kopf spielt verrückt. Der Tag hat die Nacht abgestreift, bevor ich aufgestanden bin. Die Haselkätzchen sind abgefallen und liegen als schlappe Würmer im Kies. Auch die stolze Magnolie hat es eilig mit ihrer Sternenpracht, sie blüht seit dem Wochenende in den Himmel hinein. Schon bald wird sich ihre weiße Krone im Blütenteppich auf dem Rasen spiegeln.

Es ist ein Ziehen und Regen, es spült mich weit zurück in ein luftiges Zimmer.

Das Kindlein liegt im weiß ausgepolsterten Korbwagen auf dem Rücken. Alles ist weiß, hell und still. Da kommt etwas Schwarzes in sein Blickfeld, es kommt immer näher, es wird immer größer, es bewegt sich, ein schwarzes Brummen, immer lauter, und das Kind hat Angst, entsetzliche Angst vor der schwarzen Wolke, die sich über ihm aufbläst und es zudeckt. Es ist etwa sechs Monate alt.

Natürlich weiß ich, dass eine so frühe Erinnerung gar nicht möglich ist. Trotzdem sehe ich sie ganz klar vor mir.

Immer wieder erzählte mir meine Mutter, was für ein liebes, friedliches Kindlein ich gewesen sei, sodass sie mich in meinem Bettchen manchmal stundenlang vergessen habe. Stolz klang in ihrer Stimme. Nur vor Fliegen hätte ich eine schreckliche Angst gehabt. Ist es ihre Erzählung, die sich mir als erlebte Erinnerung eingeprägt hat, oder ist es vielleicht doch das Erlebnis selber, an das ich mich erinnere? Ich weiß es nicht. Spielt es eine Rolle? Gespeichert ist das Gefühl an das Erlebte, das sich mit Farbeindrücken verbindet. Das Kindlein, das allein im hellen Zimmer liegt, die weiße Stille, in die etwas Schwarzes einbricht, immer größer, wilder und lauter wird, herabstürzt, es vernichten wird. Es ist ihm ausgesetzt, es kann sich nicht wehren. Es schreit.

44.

Der Blick hinaus in die Gärten und Häuser der Nachbarn wächst zu. Noch ist es eine Andeutung, die hellgrünen Haselblätter bilden einen zarten Schleier, der das Astwerk umspielt und vor den Hintergrund gezogen ist. Doch morgen und übermorgen schon werden die Durchblicke kleiner, das Grün übernimmt wieder das Zepter, und die Wand aus Haselsträuchern wird sich bis auf die Lücke vor dem Apfelbaum schließen.

Der grüne Schleier wächst in meine Augen hinein.

Wie im Traum schlüpfe ich durch die grüne Wand und finde mich auf der anderen Seite wieder. Hinter mir schläft jetzt mein Haus, mein Fenster, das ich, mich umdrehend, durch den lichtgesprenkelten grünen Schleier wahrnehme. Umstülpen. Vom Außen ins Innen, vom Jetzt ins Früher. Vor mir steht wieder das Haus meiner Kindheit, die Fenster sind schwarz, die Türe ist geschlossen. Mit einem weichen Quietschen gibt die Türfalle nach, wie früher, und ich gleite durch einen Spalt hinein.

Kühle Dunkelheit umfängt mich im Innern. Ich erkenne den Flur mit der niederen Schuhbank, an seinem Ende die Kellertüre und geradeaus die halb offene Türe zur

Küche; linker Hand beginnt der breit geschwungene Treppenaufgang zu den Schlafzimmern im ersten Stock. Der Treppe am nächsten liegt mein Kinderzimmer. Schon bin ich oben und hineingeschlüpft. Das Zimmer ist vollkommen leer. Durch die Verandatüre und das Fenster sehe ich auf die verglaste Loggia mit den Rundbogenfenstern, die den Garten einrahmen. Die schwarzen Schatten der hohen Baumwipfel bewegen sich sacht im Dämmerlicht. Die Loggia erweiterte mein Zimmer um ein luftiges Gartenzimmer, zu dem in den Kinderjahren allerdings auch die Ungeheuer und Monster leichten Zugang hatten. Vor allem nachts, wenn ich unter der Decke lag, konnten sie am Traubenspalier hochklettern und mit ihren rot glühenden Feueraugen durch die doppelten Fenster ins Innere glotzen. Mein Zimmer lag zwischen dem Schlafzimmer meiner Eltern und dem meines älteren Bruders. Mit dem meiner Eltern verband mich eine tagsüber kaum sichtbare Tapetentüre. Sie war nie mehr als einen Spalt offen. Nur nachts. Und nur in Notfällen. Wenn ich meine Krampfanfälle hatte. Oder wenn ich weinte und nicht mehr aufhören konnte; niemand wusste wieso, am wenigsten ich selber, das Weinen überfiel mich einfach, und dann schluchzte es mit mir. Auf der anderen Seite öffnete sich die Tapetentüre neben dem Bett meiner Mutter, da, wo ihr Nachttischchen stand. Sie hatte es ein paar Zentimeter nach vorne geschoben. »Soll ich die Türe etwas offen lassen?«, fragte sie mich mit müder Stimme, wenn ich einen meiner Anfälle hatte und wenn auch die heiße Honigmilch mit dem Schuss Aronenschnaps, die mein Vater in der Küche zubereitet und an mein Bett gebracht hatte, mich nicht hatte beruhigen können. Durch den Spalt sickerte dann ein warmer Lichtschein in meine Dunkelheit aus nicht benennbarer Angst und Enge; drang ein besänftigendes Murmeln der Eltern; klang, schon halb in meinen Schlaf hinein, das Rascheln, wenn der Vater die *Neue Zürcher Zeitung* durchsah, oder, wie ein Staccato, das Reißen, wenn die Mutter die *Schweizer Illustrierte* umblätterte.

Ich fahre mit dem Finger die Naht entlang, die die Tapetentüre mit der Wand verbindet. Wie sehr ich als Kind auch froh war um den offenen Spalt, er blieb doch die meiste Zeit geschlossen, und was dahinter stattfand, ein Geheimnis. Hörte ich etwas, wenn sich die Eltern liebten? Taten sie es überhaupt? Oder wenn sie stritten? Ich erinnere mich nicht. Es bleibt stumm auf der anderen Seite, totenstill. Ich sehe mich jetzt selber in meinem Bett liegen; die Tapetentüre ist geschlossen, die Naht ein dunkler Strich auf der hellen Tapete im Mondlicht, ein Schwert, das sich in mein Kindergewissen bohrte, wenn ich meine Geheimnisse unter der Decke verbarg.

Auf der anderen Seite schläft das Zimmer meines großen Bruders. Zu ihm gab es keine Tapetentüre. Nur den im Dunkeln liegenden Flur, der von meinem zu seinem Zimmer führte.

Meine Herzkammer schließt sich.

Die Narbe in der Tapetentüre verschwindet, die grüne Lücke in der Hecke wächst hinter mir zusammen, das Zwitschern der Vögel pfeift mich in den Frühlingstag zurück.

45.

Ich zehre von den Erinnerungen. Als wären sie meine einzige Nahrung, mein ganzer Lebensvorrat geworden. Das Haus und der Garten meiner Kindheit, Mutter, Vater, Geschwister, Schul- und Studienjahre, Beruf und Familie – so viele Erinnerungen daran habe ich verzehrt. Was, wenn ich alle aufgezehrt hätte? Auch das, worüber ich bis vor Kurzem noch verfügte, mein Vorrat an Fachwissen, an beruflicher Autorität, an Auftrittskompetenz oder an Ausstrahlung – auch davon zehre ich nun als Erinnerung.

Können Erinnerungen aufgebraucht werden? Die Vorstellung erschreckt mich. Was wäre, wenn ich mich selber verzehren würde... tönt nach einem alten bösen Märchen: Es war einmal eine Frau, die hatte nichts mehr als ihre Erinnerungen. Sie waren ihre einzige Nahrung. Also aß sie jeden Tag ein wenig davon...

Ich will lieber glauben, dass Erinnerungen nachwachsen. Das gelebte Leben streicht vorbei. Die Erinnerungen jedoch, die es nicht wiederbringen können, erfinden es nochmals neu.

46.

Alles wächst und wächst, der Garten bringt sich in Sommerform. Er bereitet sich vor auf Liegestuhl und Gartentisch, auf flatternde Wäsche am Ständer, auf Blumen und Setzlinge in Töpfen und aufs Grillieren am neuen Grillplatz.

Auch Apple zieht es hinaus. Er hat seinen Lieblingsplatz am Fenster verlassen, streift durch den Garten und lauert auf der Wiese des Nachbarn den Mäusen auf. Ich schaue ihm zu, wie er durchs hohe Gras schleicht, sich hinhockt, wartet, wieder schleicht, wartet, schleicht. Jetzt pirscht er, den schwarzen Körper am Boden, die Beute an, die Schwanzspitze zuckt hin und her, dann ein Sprung nach vorn. Ich kann nicht sehen, ob er sie erwischt hat. Er läuft weg. Vielleicht kehrt er zurück, um mit der Maus noch etwas zu spielen, bevor er sie frisst.

Was ich von meinem Schulleben aussortiert habe, steht in Säcken und Kisten in der Garage zum Wegbringen bereit. Das Räumen hat ein Gefühl von Klarheit und Frische gebracht. Vielleicht ist es auch eher wie das Auftauchen aus einer langen Untertagreise, es ist, als komme ich eben an die frische Luft und sauge sie ein. Ich spüre eine Bereitschaft zum Aufbrechen in mir. Zum Leben.

Die alten Strukturen, die mich durch mein Leben trugen, brauche ich nicht mehr. Sie waren stabile Baugerüste, zuverlässige Stahlkonstruktionen. Auf ihnen kam ich sicheren Schrittes zu den vielen Aufgaben, die ein Tag mir abverlangte. Stundenplan, Notensoll, Semesterstruktur, Familienorganisation, Wocheneinkauf, Kinderprogramm. Unbemerkt sind neue Strukturen nachgewachsen. Sie sind unzuverlässiger, unbeständiger, anfälliger. Es sind irgendwie organische Strukturen, scheint es mir, Blattwerk, das kommt und vergeht.

47.

Ich schaue aus dem Fenster. Es ist noch Nacht. Im staubigen Schwarz gewinnen die noch schwärzeren Umrisse Konturen. Das Schattenbild beginnt zu flimmern. Wie fast jeden Morgen warte ich auf den Tag. Und wie an allen Morgen in den letzten Monaten, an denen es mich so früh aus dem Bett getrieben hat, erwarte ich ihn geduldig. Im Rücken schläft das Haus, mit meinem Mann, der vielleicht gerade einen Morgentraum träumt, mit all den Räumen, in denen wir als Familie gelebt haben und die wir nun zu zweit bewohnen.

Ich sitze im Dunkeln und blicke gebannt hinaus. Und immer noch berührt mich die Unberührtheit, die Feierlichkeit, die Vollkommenheit dieses Augenblicks.

Anfangen. Etwas Neues anfangen. Einen neuen Abschnitt anfangen.

Es hat schon längst angefangen. Da verstehe ich: Ich habe die ganze Zeit darauf gewartet, dass ich sehen würde, wie meine Geschichte weitergeht. So habe ich schon früher im dunklen Zuschauerraum eines Theaters gesessen und darauf gewartet, dass sich der Vorhang öffnet, die Bühne freigibt und das Stück beginnt. Und noch heute liebe ich diesen Moment. Noch heute könnte ich dafür jeden Tag ins Theater gehen. Nur um zu erleben, wie das Licht im Zuschauerraum langsam ausgeht, die Geräusche vereben, das Stimmengewirr verstummt, das Rascheln der Programme, das Klicken der Handtaschen, das Husten, Räuspern und Schnäuzen aufhört, wie es dunkel und still wird im Saal und alle Aufmerksamkeit sich nach vorne auf den geschlossenen Vorhang richtet.

Eine gespannt entspannte Aufmerksamkeit. Ein Zurücknehmen von allem, was bis jetzt noch abgelenkt, verzettelt oder gestört hat. Ein Zurücklehnen und Entspannen, gleich wird die Geschichte beginnen, die mich wegführt in eine andere oder hinführt in meine eigene Welt. Ich muss nichts tun, nichts antworten, nichts zeigen. Es ist der schönste Moment, ein wenig vergleichbar dem Gefühl, wenn der letzte Schultag vorbei und die Bücher und Unterrichtshefte weggelegt waren: Die ganzen Ferien lagen vor mir. Alle Möglichkeiten standen mir offen. Nur jetzt, nur bevor die Ferien anfingen. Bald würden sie angebraucht sein, und dann, Tag für Tag verbraucht werden, bis sie am Ende aufgebraucht waren.

Jeder Anfang ist leichtfüßig, jedes Ende wiegt klumpenschwer. Aber die eigentliche Herausforderung liegt dazwischen. Das Dazwischen ist jetzt, war gestern und wird auch morgen noch sein. Es zu leben, darin liegt die Kunst. Im Dazwischen werde ich älter und dann alt. Was noch kommt, kann ich nicht voraussehen. Jeder heute gelebte Moment ist morgen Erinnerung, nicht Zukunft. Die Zukunft liegt nicht vor mir, sie wartet, für mich unsichtbar, hinter mir. Vor mir wird es Morgen.

Die Haelsträucher haben sich aus dem Dunkel geschält. Die ersten Sonnenstrahlen verfangen sich im Astgewirr und spielen mit den Blättern, die wieder zu einer grünen Wand mit neuen Durchblicken zusammengewachsen sind. Das Gesicht der Frau, das im lichtflimmernden Blattwerk aufscheint, schaut ernst in meine Richtung, ohne mich anzuschauen. Sie hat Falten um Mund, Augen, Kinn. Im dunklen, kurz geschnittenen Haar schimmern silberne Strähnen. Sie erhebt sich aus dem Lehnstuhl, in dem sie gesessen hat, dreht sich um und geht durch den graugrüngoldenen Blättergrund davon.

Das Plätschern des Brunnens wächst zum Rauschen an, und ein rasch anschwellendes Zwitschern, Tschirpen, Schackern und Schmettern von Vögeln erfüllt die Luft.

Foto: Claus Pfisterer

Kathrin Burger, geboren 1949 in Menziken, studierte Germanistik in Zürich und promovierte über Georg Trakl. Sie unterrichtete als Gymnasiallehrerin in Fribourg, in Baden und dreißig Jahre lang in Aarau. Daneben engagierte sie sich in verschiedenen kulturellen Institutionen sowie für die Frauenbewegung. Sie lebt mit ihrem Mann in Küttigen und hat drei erwachsene Kinder.

EDITION BLAU
Rotpunktverlag